«No hay nadie más exigente consigo misma que una madre. La presión de velar por la salud espiritual, mental y física de nuestros preciosos hijos —dones de Dios— nos pesa durante toda la vida. Este devocional es una lectura obligatoria porque cada capítulo nos recuerda, de una manera única y perspicaz, que no estamos solas en esta buena labor. A pesar de nuestras inseguridades y fracasos, podemos depender plenamente de nuestro Padre celestial, porque él ha prometido que nuestros hijos son suyos, y que ninguno será arrebatado de su mano. Toma y lee, y encontrarás consuelo y aliento».

—**Erica Sorensen**
Directora Ejecutiva, Higher Things

«Con profunda ternura, Koplin y las demás colaboradoras identifican el lugar donde el dolor y los desafíos de la maternidad se encuentran con la gracia de Dios. Este no es un típico devocional superficial para mamás; de hecho, es un antídoto contra ello. En una época en que la maternidad parece ser la actuación definitiva de nuestras vidas, este hermoso libro nos recuerda que nuestra única raíz está en la redención de nuestro tierno Jesús. Y allí podemos encontrar descanso para nosotras (y para nuestros hijos)».

—**Pastora Sarah Condon**
Coconductora de *The Mockingcast*

«Katie Koplin es puro gozo. La maternidad está hecha de momentos de gozo puro salpicados de temor, duelo, inseguridad y anhelo. En este devocional, Katie ha recopilado una serie de historias que abarcan verdaderamente todas las emociones que se experimentan en la maternidad, junto con una aplicación bíblica cuidadosamente seleccionada y condimentada con el gozo característico de Katie. Este libro alentará a la madre cansada, celebrará con la madre alegre y llevará al lector, una y otra vez, a las promesas de Dios».

—Courtney Burns
Consejera, Faith Lutheran Middle & High School

«Este maravilloso devocional ofrece verdades del evangelio para ese grupo tan cercano a nuestros corazones: las madres. Habla con voz firme y clara, ofreciendo la seguridad de que Dios las ama, se preocupa por ellas (y por sus hijos), y que su gracia es suficiente para todas las tareas y pruebas de la maternidad, tanto las difíciles como las rutinarias. Es una invitación refrescante y muy necesaria para que las mamás, en todas partes, descansen en la misericordia y el amor de Cristo. Sumamente recomendado».

—David Zahl
Director de Mockingbird Ministries
y autor de *Low Anthropology*

Ánimo para la maternidad cumple exactamente lo que promete su título. Leer este devocional es como sentarse en un sillón a escuchar a estas mujeres abrir sus corazones... o quizá estar en un bar de vinos después que los niños ya están dormidos. Son íntimas y sinceras sobre sus luchas, pero también sobre sus alegrías. Las historias que comparten deshacen la noción preconcebida de que todas las demás madres del universo lo tienen todo resuelto. En cambio, nos atraen con sus fracasos, temores y frustraciones, y nos conducen intencionalmente a la cruz y al corazón de Jesús. No sé tú, pero ese es exactamente el lugar donde yo necesito estar. Recomiendo muchísimo este devocional a cualquiera que necesite a otras mamás reales en su sala, compartiendo la vida juntas. Es un recordatorio poderoso de que no tenemos que recorrer solas el camino de la maternidad.

Sin duda, será un libro que regalaré a más de una amiga mamá como aliento para el camino que tenemos por delante».

—**Darcy Paape**
Directora del Instituto de Liderazgo Femenino,
Concordia University Wisconsin-Ann Arbor

«En cada una de estas devociones se escuchan historias vulnerables de la maternidad que inevitablemente resonarán con las propias alegrías y luchas de ser mamá. Y entonces, en medio de estas realidades cotidianas de la crianza, se escucha la voz clara de Cristo. Se nos revela un Dios que está a tu favor, que se deleita en colmarte de perdón, consuelo, paz y esperanza».

—**Martha J. Hanson**
Pastora, Good Shepherd Lutheran Church,
Morris, Minnesota

«Aunque este libro está dirigido a mamás, cualquiera podría tomarlo y escuchar las buenas nuevas de Jesucristo proclamadas en medio de la vida diaria. La luz de Cristo brilla intensamente en estas páginas, mientras su palabra libera a las personas del peso del pecado y los conflictos cotidianos».

—**Michael T. Hanson**
Pastor, Good Shepherd Lutheran Church,
Morris, Minnesota

«*Ánimo para la maternidad* es un libro que arrastra cada aspecto de la maternidad (muchas veces pataleando y gruñendo) hasta la cruz de Jesucristo. El resultado siempre es el mismo: verdadero ánimo. Sin titubeos al retratar las inseguridades, esperanzas y la sorprendente competencia que puede existir en la maternidad, los ensayos de este libro mostrarán tanto a madres primerizas como a las más experimentadas que no hay lugar fuera del alcance de la gracia y el consuelo de Jesucristo, quien anhela reunir a todas las personas como la gallina que junta a sus polluelos bajo sus alas».

—**Pastor Timothy Koch**
Zion Lutheran Church (Linn, Kansas),
Editor general de *Seelsorger: A Journal for the Contemporary Cure of Souls*

Ánimo para la
MATERNIDAD

Devocionales sobre la obra de Cristo

Editado por
KATIE KOPLIN

PROYECTONEHEMÍAS

Ánimo para la maternidad: Devocionales sobre la obra de Cristo
Editado por Katie Koplin

© 2025 New Reformation Publications

Publicado por
1517 Publicaciones
PO Box 54032
Irvine, CA 92619-4032

ISBN (Paperback): 978-1-964419-80-0
ISBN (Ebook): 978-1-964419-81-7

Traducido del libro *Encouragement for Motherhood: Devotional
Writings on the Work of Christ*
© 2023 New Reformation Publications.
Publicado por 1517 Publishing
Traducción por Jeffrey Stevenson, Proyecto Nehemías
Edición por Elvis Castro L.

Las citas bíblicas están tomadas de la Santa Biblia, Nueva Versión
Internacional (NVI), © 1999, 2015, 2022 por Biblica, Inc.

Hola

Mamá, madre, mami,

Sea cual sea el nombre que usen tus hijos, me alegra que este libro haya llegado a tus manos. Oro para que te traiga ánimo en tu vida y en tu labor como madre. Un ánimo que no se encuentra en nuestro propio esfuerzo, sino en la obra de Cristo y en la esperanza que tenemos por medio de él.

Cuando envié los correos a las mujeres maravillosas que colaboraron en este proyecto, les di una lista de posibles enfoques. Lo único imprescindible en cada contribución era un recordatorio de la obra de Cristo. Cada una de nosotras tiene experiencias distintas —aunque, en muchos sentidos, también similares— de la maternidad. Las similitudes salieron a la luz mientras leía las palabras de estas compañeras de ruta.

La maternidad nos lleva a reconocer nuestras limitaciones, temores que no sabíamos que teníamos, una profunda necesidad de perdón, y una infinidad de dinámicas relacionales. En medio de todo lo que trae la maternidad, la obra de Cristo permanece.

Sin importar lo que hayamos vivido o no, Cristo está obrando en nuestras vidas y en las vidas de nuestros hijos. Él usa el trabajo de nuestras manos para servir y amar a nuestros hijos. Este libro es una recopilación de experiencias y circunstancias diversas. Lo que une a todas las autoras es que sus ojos están puestos en Cristo.

Contenido

KATIE KOPLIN

El gozo inesperado de la maternidad

Sácianos de tu gran amor por la mañana,
y toda nuestra vida cantaremos de alegría.
Alégranos conforme a los días que nos has afligido
y a los años que nos has hecho sufrir.
¡Sean manifiestas tus obras a tus siervos
y tu esplendor a sus descendientes!
Que el favor del Señor nuestro Dios esté sobre nosotros.
Confirma en nosotros la obra de nuestras manos;
sí, confirma la obra de nuestras manos.

SALMOS 90:14-17

La labor de la maternidad no es lo que yo esperaba. La alegría no se encuentra donde pensaba que la hallaría. Yo esperaba que planificar actividades y diversión fluyera naturalmente de mí, trayendo un gozo inmenso tanto a mí como a mis hijos.

Después que los planes fallaron —una vez más—, una crítica de mi hija resumió lo que yo pensaba que sería la maternidad: «Cuando yo sea mamá, me voy a levantar por la mañana, les voy a preguntar a mis hijos qué quieren hacer, y entonces vamos a hacer eso».

Respondí con sarcasmo: «Qué bien por ti. Ojalá que tus hijos se levanten cada mañana diciendo: "¡Vamos a la casa de la abuela Katie!"».

Yo era igual que mi hija. Mi visión de la maternidad era tan simplista como la suya. Me imaginaba como una esposa ejemplar que, por supuesto, hacía ejercicio. Mi primogénito se dormiría cada noche escuchando la historia de amor de sus padres. Siempre tendría un botiquín a mano y sabría cómo atender cada uno de sus malestares. Mis comidas serían dignas de una nutricionista. Nuestro hogar funcionaría con tanta eficiencia que se podría ajustar el reloj según la hora en que dejara a los niños en la escuela. Mantener la casa limpia parecía tan sencillo que la mía olería a un campo de lilas y brillaría como nácar. Mi plan era estar siempre ocupada. Comprar siempre lo correcto, en el momento preciso, y tener una cuenta de ahorros bien abastecida. Mi plan era hacerlo todo por mí misma.

Pero, a pesar de todos mis sueños, la maternidad no comenzó como yo lo había planeado, ni mi día a día funcionaba como lo había imaginado.

La maternidad comenzó con una aventura de una sola noche. No era la esposa de nadie. Me mudé de nuevo a casa de mis padres. El trabajo inicial de la maternidad fue navegar una relación de crianza con alguien que apenas conocía; ese trabajo ni siquiera figuraba en mi lista. Mis sueños de estar siempre en sintonía con la salud de mis hijos terminaron con una hospitalización de una semana en un hospital infantil para mi bebé de un mes.

Con el tiempo me casé, me mudé de la casa de mis padres y tuve más hijos. Pero casarme y tener más hijos no me convirtió mágicamente en la madre que había planeado ser. El trabajo de la maternidad a menudo trae frustración, no alegría. Nuestro hogar rara vez está ordenado, y a menudo jugamos a «¿qué es lo que apesta y de dónde viene?». Nuestras comidas son más bien beige que un arcoíris vibrante, y los espaguetis están en el menú cada semana. Nadie pone su reloj según el horario de la familia Koplin. Llegamos corriendo con mochilas a medio cerrar, mientras mi celular suena para avisarme que la factura del teléfono está vencida.

No soy la madre que pensé que sería.

No encuentro alegría en la maternidad como esperaba.

Y, sin embargo, la alegría abunda.

La alegría no proviene del trabajo que yo realizo. La alegría proviene de la obra de Cristo.

La alegría proviene de ver a Cristo obrar en mi vida para formar una relación de crianza compartida que funciona.

La alegría proviene de descubrir, en cada etapa de la crianza, todo lo que me falta y de aprender. Soy amada a pesar de mí misma y a pesar de todo lo que haya logrado o no en un día.

La alegría proviene de pedirles perdón a mis hijos y saber que la gracia abunda.

La alegría proviene de ser recordada de la obra consumada de Cristo al contemplar toda la obra inconclusa de la maternidad.

Tenemos alegría porque tenemos la seguridad que nos da la obra de Cristo.

Cuando llegue el momento de llevar el título de «Abuela Katie», oro para poder mirar a mi hija y a mis nueras y hablar con honestidad sobre mis fracasos como madre. Espero que nuestras conversaciones no terminen en mis errores, sino en la alegría que se encuentra en la obra de Cristo. Mi anhelo es tener conversaciones sinceras sobre las luchas de la maternidad y sobre dónde se encuentra la verdadera alegría: en la obra de Cristo para nosotras y para nuestros hijos.

Padre celestial,

No soy la mamá que pensé que sería. Mis expectativas sobre la maternidad rara vez coinciden con la realidad. En la disonancia entre la madre que soy y la que quisiera ser, recuérdame quién eres tú y la obra que has hecho en mi favor.

Para reflexionar:

¿De qué manera trae gozo y paz el saber que Dios establece nuestra labor como madres y en otras vocaciones?

Nuestros cuerpos

Porque todo lo que Dios ha creado es bueno
y nada es despreciable si se recibe con acción de gracias.

1 TIMOTEO 4:4

ESTABA ACOSTADA BOCA ARRIBA, con el estómago en la gargan-
ta, mientras me llevaban rodando al quirófano. Cabezas que se
movían sobre mí se presentaban con amabilidad, aunque sin
necesidad. No iba a poder distinguir a la enfermera de sala de
partos de la residente de medicina o del personal de la UCIN.
Lo único en lo que podía pensar era en la barra de granola clan-
destina que había comido una hora antes («no se lo menciones
al anestesiólogo», me advirtió la enfermera). ¿Iba a vomitar?
¿Esos granos y miel serían mi final? ¿Tendrían que vaciarme el
estómago antes de sacar al bebé?

Dicen que se supone que una debe visualizarse en esta situación (tener que enfrentar una cesárea no planificada) mientras
aún está embarazada. Yo no lo hice. Y honestamente, no sé si
eso habría ayudado, porque ¿cómo puede una prepararse ade-
cuadamente para los gemidos que trae el parto, sea como sea
que se presente?

Tras uno o dos empujones rápidos, nació mi hijo. Sonaba Sufjan Stevens por los altavoces. Sentí alivio, pero también ansiedad. Estaba feliz, pero también llena de incertidumbre.

Me recuperé rápido y no tuve complicaciones. Y aunque la vida de mi hijo fue todo menos sencilla, la cesárea, para mí, se convirtió en una decepción. Me pareció como un atajo, y no pude evitar sentir que había fallado justo al comenzar lo que se suponía iba a ser la empresa más importante de mi vida. Más específicamente, sentía que mi cuerpo había fallado.

Después vino el dolor de aprender a prenderlo al pecho y amamantar a mi bebé. Yo colocaría ese dolor al mismo nivel que correr una maratón (lo hice una vez, antes de que mi corteza prefrontal estuviera completamente desarrollada, y nunca lo volveré a hacer). Es ese tipo de dolor que se graba en la memoria como por cauterización. Unas semanas después, en medio del ritmo diario de prender, gritar y hacer muecas cada ciertas horas, recuerdo haber conversado con una mujer mayor en la iglesia que me dijo: «Ya olvidé lo que dolió el parto, pero ese dolor nunca lo olvidaré».

Luego está la realidad ineludible de los cambios físicos que vienen con la maternidad: las caderas se ensanchan y el abdomen se ablanda, los senos se caen y se reducen, el cabello se cae y vuelve a crecer en mechones ingobernables. Estoy segura de que tú podrías añadir unas cuantas inseguridades propias.

Estas son, por supuesto, solo algunas de las muchas realidades negativas y sentimientos que podemos tener hacia nuestros cuerpos a causa de nuestra vocación como madres; una vocación que, por definición, es encarnada, y por lo tanto, está entretejida con la belleza y la devastación de lo físico.

La respuesta natural ante cualquier negatividad física que enfrentamos es afirmar lo contrario (¡y con fuerza!) y recordarnos a nosotras mismas —y unas a otras— lo buenos que son nuestros cuerpos. Las hazañas físicas de la maternidad son, después de todo, realmente notables y dignas de celebración.

Ser humano es, en sí mismo, algo maravilloso. Dios nos dice que todo lo que ha creado es bueno (1 Ti 4:4). Desde el principio, él quiso que fuéramos seres encarnados. El simple hecho de que podamos pasar de noches completas de sueño a meses de privación del sueño es asombroso. Todavía me cuesta creer que puedo cargar a mis dos hijos pequeños al mismo tiempo, o que tengo la fuerza para llevar a un bebé de un año en la cadera mientras preparo la cena. Pero aunque estas capacidades son dones —y agradecerlas puede alejarnos del desprecio hacia nuestro propio cuerpo—, la corporalidad, por sí sola, no solucionará el dolor, la insuficiencia ni las realidades del pecado que enfrentamos en nuestra vocación como madres. Nuestros cuerpos y sus habilidades jamás serán el vehículo por el cual seamos justificadas.

Esta lucha por encontrar valor a través de lo físico aparece en la disputa más conocida entre hermanas en la Biblia: la de Lea y Raquel. Amada menos que su hermana por su esposo en común, Jacob (y sí, desde ya se nota que esto no va a terminar bien), la fertilidad de Lea se convirtió en su posesión más preciada. Ella asumía que cada vez que su cuerpo cumplía con el trabajo de concebir y dar a luz, podría ganarse el afecto de Jacob:

> Lea quedó embarazada y dio a luz un hijo, al que llamó Rubén, porque dijo: «El Señor ha visto mi aflicción; ahora sí me amará mi esposo». Lea volvió a quedar embarazada y dio a luz otro hijo, al que llamó Simeón, porque dijo: «Llegó a oídos del Señor que no soy amada y por eso me dio también este hijo». Luego quedó embarazada de nuevo y dio a luz un tercer hijo, al que llamó Leví, porque dijo: «Ahora sí me amará mi esposo, porque le he dado tres hijos» (Gn 29:32-34).

A pesar de que Raquel era la favorita de su esposo, se nos dice: «Cuando Raquel se dio cuenta de que no le podía dar hijos a Jacob, tuvo envidia de su hermana y dijo a Jacob: "¡Dame hijos! Si no me los das, ¡me muero!"» (Gn 30:1). No pasó mucho tiempo antes de que se convirtiera en una competencia de fertilidad tan intensa que ambas hermanas hicieron que sus siervas tuvieran hijos con Jacob. ¡Qué terrible!

Lea y Raquel nos muestran tanto el deseo de justificarnos a través de nuestras obras como la profunda insatisfacción que sentimos, todo envuelto en las capacidades físicas y las necesidades de la maternidad. Y como estas dos hermanas, a menudo confundimos lo físico de la maternidad con la única fuente de nuestra felicidad y valor. Intercambiamos el orgullo por nuestros cuerpos en bikini por el orgullo por los rollitos adquiridos durante el embarazo. Antes nos obsesionábamos con nuestro peso; ahora hacemos lo mismo con el hecho de dar a luz sin epidural o con cuánto tiempo logramos amamantar. Comparamos cuánto podemos cargar, soportar y manejar con nuestras amigas y vecinas. Todas somos como Lea y Raquel, buenas para convertirnos en mártires, ya sea por lo que nos falta o por lo que soportamos.

Qué fácil nos resulta tomar las dificultades de la vida y convertirlas en nuestras joyas más preciadas. Qué rápido transferimos nuestra sensación de «valía» de una capacidad física a otra. Las fortalezas físicas que tenemos como madres son un regalo, pero no pueden salvarnos. Nuestras debilidades, imperfecciones y dolores físicos como madres pueden ser difíciles de soportar, pero no deberían definirnos. Ambas cosas son tarea exclusiva de Cristo Jesús, nuestro Redentor.

Y esta buena noticia, por definición, no está destinada a alejarnos del aquí y el ahora. La obra de Cristo no ignora la realidad de la piel marcada, los músculos adoloridos, las noches sin dormir ni las preocupaciones y ansiedades que nuestros cuerpos soportan como madres en este mundo. «Dios nunca trata con nosotros de manera desencarnada», dice el teólogo luterano John Kleinig.[1] El mismo acto salvador de Dios se lleva a cabo intencionalmente a través de la fisicalidad del nacimiento, la vida y la muerte de Cristo en la cruz. Cristo se hizo carne para poder dar muerte —de una vez por todas— a la corrupción de la carne que enfrentamos día tras día. Y su resurrección de la

---

1. John W. Kleinig, *Wonderfully Made: A Protestant Theology of the Body* (Lexham Press, 2021), p. 85.

tumba en un cuerpo glorificado significa que nosotros también seremos glorificados, tanto en cuerpo como en espíritu. «Lo que se siembra en deshonra resucita en gloria; lo que se siembra en debilidad resucita en poder» (1 Co 15:43). Cuando Cristo regrese, todo dolor desaparecerá, y toda autojustificación dejará de existir.

¿Qué es lo que soluciona nuestro descontento físico, esa sensación de fracaso y pesar por cómo cambia nuestro cuerpo en la maternidad? Lo mismo que soluciona nuestra necesidad de mirar lo que hacemos físicamente o cuánto sufrimos y soportamos como si eso fuera fuente de justicia. La solución es, por supuesto, la persona y la obra de Cristo. Cristo, quien vivió una vida física y murió una muerte física. Cristo, quien se preocupa tanto por nuestros cuerpos que vino a salvarlos y redimirlos. Cristo, quien nos da fuerza en lo largo de esos días tan cortos. Cristo, quien nos sana. Cristo, y solo Cristo, quien puede acallar nuestras inseguridades con la verdad de que somos suficientes —en cuerpo y alma— no por lo que hacemos, sino porque la fe en él nos ha hecho así.

Señor,

Ayúdanos a ver nuestros cuerpos como algo bueno, porque tú los creaste. Llévanos a ti cuando nuestros cuerpos fallen. Recuérdanos que a Cristo le importan nuestros cuerpos.

Amén.

Para reflexionar:

Tómate un momento para meditar en esta verdad: «Dios nunca trata con nosotros de manera desencarnada».

MELIA SMITH

Encontrar la paz

En consecuencia, ya que hemos sido justificados
mediante la fe, tenemos paz con Dios por medio
de nuestro Señor Jesucristo.

ROMANOS 5:1

EN 2017, FUI INVITADA A HABLAR en una conferencia sobre el
tema «Despertar la fe a través de la imaginación». Durante la
charla, compartí mis ideas habituales sobre cómo involucrar a
los niños con las historias bíblicas y cautivarlos a través del arte
y dulces Pop Rocks. Y como siempre, terminé con una sesión de
preguntas y respuestas.

Los asistentes hicieron preguntas sobre proyectos creativos y
cómo trabajar con voluntarios; los aspectos prácticos del tema.
Mientras crecía la energía y el entusiasmo en la sala, una madre
muy tímida levantó la mano con una pregunta muy valiente...

Con voz temblorosa preguntó: «Pero ¿cómo podemos los
padres asegurarnos de que nuestros hijos sean cristianos al
final?». La madre fue directo al grano. Claro, yo tenía muchas
ideas divertidas y creativas, trucos útiles y consejos, pero la verdadera pregunta —la GRAN pregunta— quedó en el aire como

un peso inmenso. Ella expresó lo que todos los padres pensamos, lo que nos preocupa, lo que más tememos.

Nos angustiamos porque pensamos que no solo somos responsables de hacer sus almuerzos, sino también de su salvación.

Apenas salieron esas palabras de su boca, mi mente solo pudo pensar en dos cosas… mi hija Sofía y el bautismo.

La misma pregunta se escuchó en una iglesia en 2007, donde una joven de 28 años sostenía en brazos a un bebé de tres meses, vestido con un antiguo traje bautismal que un *hipster* me había regalado en un mercadillo de Chelsea. Recuerdo haber mirado a Sofía, y su vulnerabilidad era profundamente real. Había tantas emociones encontradas: me sentía inmensamente agradecida y aterrada al mismo tiempo.

El servicio comenzó y llegó el momento del bautismo. Entonces una oleada de palabras de paz me envolvió, y se me concedió un momento de alivio, una ventana hacia las promesas de Dios.

Las palabras que proclamó el sacerdote llegaron hasta lo más profundo de mi ser:

> Cristo te *reclama* como suyo.
> Reclama… no parece haber elección en esa declaración.
> Hemos sido *escogidos*, *seleccionados*, *adoptados*.
> Llevamos a estos hijos al bautismo sabiendo que Jesús murió y resucitó por ellos, y confiando en la promesa de que Dios escucha y responde nuestras oraciones.

Esas promesas me cubrieron —a mí, la madre—. Aunque era un día para Sofía, también lo fue para mí. Me recordó que alguna vez yo también fui una pequeña niña en brazos de un sacerdote que proclamó las promesas de Dios sobre mí.

Cuando miré a la madre que había hecho LA pregunta, le respondí instintivamente: «El Espíritu Santo en acción. Lo único que sé es que Dios me persiguió a mí, incansablemente, sin cesar; así que, ¿por qué no habría de perseguir también a nuestros hijos? Cuando pensamos en nuestros hijos, ¿por qué tememos que Dios no los buscará o amará de la misma manera que lo hace con nosotros, los adultos?

Podemos soltar la carga de la salvación y confiar en el Dios que busca a sus hijos con insistencia. Así que, sin importar lo que estén haciendo tus pequeños o tus adolescentes, podemos confiar en que, así como Dios te buscó a ti, también los ha *reclamado* a ellos.

Querido Jesús,

Danos a nosotras, las mamás, la paz y el valor para confiar en tu reclamo sobre nosotras y sobre nuestros hijos.

Amén.

Para reflexionar:

Tómate un momento para pensar en las maneras en que Dios está a favor de ti y de tus hijos.

J A N E   G R I Z Z L E

Somos limitadas

¿A dónde podría alejarme de tu Espíritu?
¿A dónde podría huir de tu presencia?
Si subiera al cielo, allí estás tú;
si tendiera mi lecho en el fondo de los dominios
de la muerte, también estás allí.
Si me elevara sobre las alas del alba,
o me estableciera en los extremos del mar,
aun allí tu mano me guiaría,
¡me sostendría tu mano derecha!
Y si dijera: «Que me oculten las tinieblas;
que la luz se haga noche en torno mío».
Ni las tinieblas serían oscuras para ti
y aun la noche sería clara como el día.
¡Lo mismo son para ti las tinieblas que la luz!

SALMOS 139:7-12

A VECES LO OLVIDO. A veces vivo en una especie de feliz incons-
ciencia de mi mente, de su química y sus patrones, y simplemente olvido que convivo con una enfermedad mental crónica. Pero cada pocos meses, o en épocas especialmente difíciles,
recuerdo que mi cerebro funciona distinto al de los demás.

Me despierto con ansiedad, preocupada por la próxima revisión médica de mi hija y por lo que dirá el doctor, aunque ni siquiera he agendado la cita. O reproduzco en mi mente una escena una y otra vez: ¿de verdad dije esa palabra delante de los hijos de mi amiga? ¿Volverá a dejarme estar cerca de ellos? O paso varias noches en vela con un pensamiento que se repite sin cesar y que ni los deseos ni las oraciones logran disipar. El insomnio se acumula y me siento atrapada en mi propia mente, en constante alerta contra pensamientos oscuros, temores o la posibilidad de perder el control.

Todo esto es extremadamente normal para alguien diagnosticada con trastorno obsesivo-compulsivo (TOC). Me lo diagnosticaron a los diecinueve años. Todas las mañanas, desde hace veinte años, me tomo dos pequeñas pastillas amarillas para controlar el patrón alterado de pensamiento. Durante veinte años también he tenido muy claro que no hay cura. Hay tratamientos, medicamentos y terapias de exposición, pero no existe la posibilidad de que desaparezca por completo.

Hace poco hablé de esto a mis tres hijos. Salió en una consulta de control con el pediatra. Ella preguntó sobre los antecedentes familiares, y tuve que mencionar el historial de enfermedad mental en mi familia, específicamente el TOC. Por supuesto, mi hijo no pasó por alto esa parte. Más tarde me preguntó qué significaba todo eso. Con palabras sencillas, le expliqué que tengo que tomar pastillas para que mi cerebro produzca los químicos que necesita, que hablo con una consejera, y que a veces me preocupo más que otras personas. No era una conversación que hubiera imaginado tener con mis hijos. Pero dado que es parte permanente de mi vida, siempre tendrán una madre con esto.

La enfermedad crónica —ya sea física o mental— siempre viene acompañada de limitaciones. Ya no puedo vivir con la despreocupación de la juventud, sin conciencia de mis vulnerabilidades y límites. A menudo me siento demasiado vieja para mi cuerpo, consciente de que hay estados de ánimo, estaciones de la vida y experiencias de las que la fuerza de voluntad no puede rescatarme.

La maternidad es un lugar donde enfrentamos nuestras limitaciones. Nuestros cuerpos y nuestras vidas ya no nos pertenecen. Nuestros horarios de sueño y rutinas tampoco. Esta transición fue un poco más fácil para mí porque ya estaba acostumbrada a reconocer mis límites. En ese sentido, mi enfermedad me preparó para mi rol como mamá.

Aunque no desearía una enfermedad mental a nadie, debo admitir que me ha hecho una mejor madre. Mi condición me obliga a ir más despacio, a no intentar hacer tanto como antes, a prestar atención a mis límites y a pedir ayuda. No diría que Dios me dio TOC, pero sí veo cómo, en sus manos, mi enfermedad ha suavizado bordes que antes eran filosos como navajas. Él ha usado mi enfermedad para despertarme a la realidad encarnada de la vida humana.

Estoy limitada de muchas formas: por mi enfermedad, por mi fragilidad, por mi humanidad. Pero saber que soy limitada me recuerda que Dios nunca lo es. Para él, la oscuridad es como el día. Mi oscuridad es como el día para él. Él siempre está con nosotras. Le encanta estar con nosotras. Nunca estamos solas, por deshechas que podamos estar.

Señor,

Gracias porque siempre estás con nosotras, porque tú eres más que suficiente para nosotras, limitadas como estamos por nuestros cuerpos humanos y por nuestros espíritus quebrantados. Recuérdanos tu cercanía y tu amor, en los días buenos y en los malos.

Amén.

Para reflexionar:

¿Qué limitaciones enfrentas en tu vida? ¿Y en la maternidad? ¿Cómo ha usado Dios esas limitaciones para tu bien y el bien de los demás?

HEIDI GOEHMANN

Hola, me llamo mamá

El amor jamás se extingue. Pero las profecías cesarán, las lenguas terminarán y el conocimiento se agotará. Porque conocemos y profetizamos de manera imperfecta; pero cuando llegue lo perfecto, lo imperfecto desaparecerá. Cuando yo era niño, hablaba como niño, pensaba como niño, razonaba como niño; cuando llegué a ser adulto, dejé atrás las cosas de niño. Ahora vemos de manera indirecta y velada, como en un espejo; pero entonces veremos cara a cara. Ahora conozco de manera imperfecta, pero entonces conoceré **tal y como soy conocido**.

1 CORINTIOS 13:8-12

MI MAMÁ ERA UNA PERSONA COMPLEJA.

Oro para que mis hijos también me concedan el beneficio de esa palabra, en lugar de aferrarse a un adjetivo más específico y decepcionante para describir la forma en que los amé debidamente, junto con las formas en que les fallé.

Lo cierto de la maternidad —o de cualquier otra relación profunda y significativa que valga la pena— es que todos fallaremos en ella a nuestra propia manera. La culpa por lo que hemos hecho y lo que hemos dejado de hacer se siente con especial intensidad en la maternidad. A menudo nos sentimos solas, y el peso de querer dar lo mejor a nuestros hijos puede resultar paralizante. Sabemos, al nivel cognitivo, que nuestro valor está solo en Cristo, y aun así a veces podemos sentirnos mental y emocionalmente abrumadas por la ansiedad que nace de amar intensamente en un mundo pecaminoso.

Los hijos tienen la extraña habilidad de mostrarnos nuestras imperfecciones. Los hijos son misteriosamente expertos en revelar nuestras debilidades, nuestro egoísmo y nuestros vicios, como si fueran uno de esos espejos de feria andantes.

Me levanto cada mañana decidida a llenar mi hogar de gracia, a llevar gracia en el auto, a enviar gracia por las redes a mi hija en la universidad, a mezclar gracia en la cena, y a dejar gracia sobre la almohada cada noche. Pero, lamentablemente, muchas veces para las 4:00 de la tarde, esa gracia ya ha sido soltada, pisoteada y hecha trizas por mi rabia de mamá. A las 4:00 de la tarde, digo cosas que no quiero decir... o cosas que sí quiero decir, pero debería decir de otra manera. Y en los peores momentos, digo cosas que simplemente son crueles. En esos momentos me pregunto qué rastro de lágrimas dejaré atrás a medida que mis hijos crezcan. Me pregunto si realmente fui hecha para esta tarea. En esos días —y en todos los demás— necesito recordar que el espejo que estoy usando está distorsionado.

El espejo de la ley dentro de mí, que mis hijos revelan, muestra solo la mitad de la historia. La otra mitad es la obra de Jesucristo. En la muerte y resurrección de Jesús, yo también he muerto y he resucitado en Cristo. Cada palabra y acción quedan sumergidas en su misericordia. Me tomo muy en serio lo que proclama el salmista:

Pero tú, Señor,
eres el escudo que me protege;

tú eres mi gloria;
tú mantienes en alto mi cabeza (Sal 3:3).

El salmista habla de enemigos y de la destrucción que vemos en
la humanidad, incluida la mía. A veces, yo soy mi peor enemiga,
emitiendo juicios crueles sobre mí misma. Pero el juicio solo le
pertenece a Dios, y su juicio hacia mí es gracia sobre gracia en
la obra de Jesucristo.

Mi espejo está distorsionado por mi punto de vista limitado.
Solo puedo ver lo que está ocurriendo ahora. La mayoría de los
días, en todas mis relaciones, solo tengo la mitad del panorama:
una sola parte, una sola perspectiva. Dios ve el cuadro completo, el plan entero, y está escribiendo serenamente el relato del
amor y la justicia a lo largo de mi vida y de la de mis hijos.

Mi espejo también está distorsionado por mi perspectiva de
la maternidad y de las relaciones. El capítulo 13 de 1 Corintios
reflexiona profundamente sobre lo que significa estar en relación con otros; sobre lo que realmente implica amar a Dios y al
prójimo. Aprendemos y experimentamos mucho mejor nuestras
propias relaciones cuando lo hacemos a través del amor perfecto
de Cristo. Un amor que no se irrita con nosotras, que no lleva
un registro de nuestros fracasos, y que trae esperanza en todos
nuestros momentos.

De una forma extraña y maravillosa, estar en una relación
íntima no se trata de servirse mutuamente, ni de decir palabras
bonitas, ni de imponer disciplina, ni siquiera de enseñar. Se trata de conocer y ser conocido. Eso no quiere decir que nuestras
relaciones no deban incluir servicio, palabras amables, límites o
instrucción. Sin duda, esos son componentes importantes. Pero
el corazón —metafórico y literal— de una relación con Dios y
con los demás es el conocimiento.

Conocer es descubrir al otro.

Conocer es ese gran proceso de revelación de quiénes somos
y en quiénes nos vamos convirtiendo.

Conocer es ver el reflejo de la ley y la gracia del evangelio en
el otro, a través del otro, y para el otro.

Conocer ocurre a medida que crecemos en Cristo, a veces con un espacio incómodo, como el hijo pródigo, y otras veces con preguntas y asombro que nos acercan más.

Conocer se manifiesta en nuestra relación con Dios a través de su profundo apego existencial hacia nosotras: su mente y su corazón conectan con los nuestros por medio de su creación y su redención en Cristo Jesús.

Imagínate como una hija de Dios plenamente conocida: Dios cuenta los cabellos de tu cabeza, conoce las arrugas que se forman alrededor de tus ojos, el dolor de tus pérdidas y angustias, el ritmo constante de tu corazón y los pensamientos de tu mente —incluso aquellos que tú misma no alcanzas a reconocer—. Somos conocidas por Dios.

Nosotras solo lo conocemos en parte, pero ese conocimiento es real, profundo y significativo. Experimentamos ese apego con él, nos conectamos con él por medio de la Palabra y los sacramentos, y crecemos en cercanía dentro de la libertad que nos da la redención.

Él nos conoce cabalmente. Nosotras conocemos en parte... por ahora.

Ese conocimiento también existe en nuestras relaciones con nuestros hijos, y no es tan distinto de nuestra relación con Dios: a través del apego, del tiempo que pasamos juntos, de la conversación, y del gran misterio de cómo Dios nos entrelaza en estas relaciones terrenales. A nuestros hijos los conoceremos solo en parte, pero esta idea de conocer comprendida como la esencia de una relación puede transformar nuestras metas diarias. Yo quiero conocerlos, a cada uno. Y quiero que ellos me conozcan, completamente. Es una meta que se alcanza a través de la vulnerabilidad, una meta que quizá no se cumpla plenamente a este lado del cielo, pero sigue siendo una buena meta, una meta llena de gracia.

Dios desea conocernos como Padre celestial, como amigo, como hermano. En Cristo, todo esto es posible. Mi desorden me lleva a un conocimiento más profundo con mis hijos cuando, con vulnerabilidad, pido perdón. En la maternidad, estoy disponible para ser descubierta y para ofrecer un espacio donde ellos también puedan descubrir.

Como madres, no necesitamos «saberlo todo» todo el tiempo. En nuestros actos reales de crianza, de familia, de intimidad, se nos permite ser personas complejas, como lo fueron nuestras madres, y las madres de ellas, desde la mismísima Eva. En la maternidad, podemos descubrir y ser descubiertas. Podemos vivir con curiosidad.

Nuestras complejidades están cubiertas por Cristo. Podemos amar a quienes nos han sido confiado. Les fallaremos a veces, y hallaremos perdón siempre. Somos conocidas, y podemos descubrir a quienes nos rodean, incluidos nuestros hijos.

Señor,

Mantén viva en nosotras la curiosidad por los demás. Recuérdanos que somos conocidas. Rodéanos de personas que nos regalen esas dulces palabras de perdón. Amén.

Para reflexionar:

¿Qué preguntas puedo hacer para conocer mejor a mis hijos?

¿Qué preguntas podemos hacernos juntos sobre quién es Dios y lo que hace por nosotros?

KATIE KOPLIN

¿Qué mamá es la mejor?

Pero Dios, que es rico en misericordia, por su gran amor por nosotros, nos dio vida con Cristo, aun cuando estábamos muertos en pecados. ¡Por gracia ustedes han sido salvados! Y en unión con Cristo Jesús, Dios nos resucitó y nos hizo sentar con él en las regiones celestiales, para mostrar en los tiempos venideros la incomparable riqueza de su gracia, que por su bondad derramó sobre nosotros en Cristo Jesús. Porque por gracia ustedes han sido salvados mediante la fe. Esto no procede de ustedes, sino que es el regalo de Dios y no por obras, para que nadie se jacte. Porque somos hechura de Dios, creados en Cristo Jesús para buenas obras, las cuales Dios dispuso de antemano a fin de que las pongamos en práctica.

EFESIOS 2:4-10

«¿Qué oso es el mejor? ¡Osos, betabeles, Battlestar Galactica!»
—Jim Halpert, *The Office*[1]

Esta es una de mis frases y escenas favoritas de una de mis series favoritas. Si no estás familiarizada con *The Office*, es una comedia en formato de falso documental que se transmitió durante nueve temporadas por NBC. El programa sigue las vidas de los empleados de la ficticia empresa papelera Dunder Mifflin. Esta escena en particular ocurre entre dos personajes principales: Jim Halpert y Dwight Schrute. Estos dos personajes suelen estar cómicamente enfrentados. Dwight se toma muy en serio a sí mismo, mientras que Jim es el payaso de la oficina. En esta escena, Jim se disfraza de Dwight. Lleva la clásica camisa mostaza abotonada hasta el cuello, unas gafas cuadradas enormes y un reloj para mantener la eficiencia. Luego empieza a lanzar hechos aleatorios sobre todo aquello que Dwight considera importante. Las cosas que Dwight y otros usarían para describirlo.

Y es ahí donde surge la pregunta: ¿cómo se vería alguien disfrazado de ti?

¿Qué preguntas vendrían primero a su mente?

¿Qué datos o frases saldrían primero de la boca de esa persona para caracterizarte?

¿Cómo sonarías tú en una caricatura?

Ahora el inverso de esas preguntas:

¿Cuándo imitas tú a alguien más?

¿Cuándo actúas como tú misma, pero intentando ser como otra persona?

Recuerdo con claridad haberme convertido en una caricatura de distintos tipos de mamá cuando mis hijos eran muy pequeños. Ir al parque con una amiga que era nutricionista significaba que no podía llevar comida de McDonald's. Pasar tiempo con mamás que usaban aceites esenciales para curar desde dolores de muelas hasta infecciones de oído implicaba que

---

1. «Product Recall». *The Office*, creado por Greg Daniels, Brent Forrester, Justin Spitzer y Ricky Gervais. Temporada 3, Episodio 20. Deedle Dee Productions. 26 de abril de 2007.

debía llevar un repelente sin DEET. Ver a una madre correr a abrazar a su hijo en cuanto presentaba el más leve síntoma de malestar me impulsaba a hacer lo mismo. Mi hijo —que sabía que normalmente yo observaba antes de actuar— me miraba con desconcierto.

En ese momento no me daba cuenta, pero en realidad no tenía idea de cuál mamá era «la mejor». En un intento por evitar el juicio de otros, simplemente me convertía en una caricatura de la madre que creía que mi amiga o conocida era o admiraba.

Vivimos en una época en la que vemos muchos «tipos» distintos de mamás. Las caricaturas de ellas están por todas partes. Algunas son graciosas, otras absurdas, y algunas nos hacen reflexionar sobre nuestras propias decisiones como madres.

En su caricatura de Dwight, Jim preguntaba: «¿Qué oso es el mejor?». Como madres, muchas veces nos encontramos preguntándonos: «¿Qué tipo de mamá es la mejor?».

Esa pregunta es tan absurda como la de Jim sobre los osos. Mi conocimiento sobre osos es limitado, pero estoy segura de que cada oso tiene cualidades maravillosas y cosas que podría hacer mejor.

¿Con qué frecuencia nos preguntamos: «¿Cuál mamá es la mejor?». Como ocurre con los osos, cada madre tiene cosas que hace bien y cosas que hace mal. Cada madre fue creada para el hábitat en el que está viviendo.

¿Qué debe hacer una madre cuando ve a otras madres haciendo ciertas cosas «mejor» que ella? ¿Debe simplemente aceptar sus errores y decir «así me hicieron»? ¿Debe vivir en desesperanza, pensando que nunca estará a la altura de aquella otra madre?

Ambas son opciones, pero ninguna beneficiará a nuestros hijos. Lo que sí los beneficiará es mirarlos a los ojos y reconocer las características que Dios nos ha dado para criarlos con fidelidad. Alabar a Dios por las experiencias que ha usado para formar la madre que somos hoy. Lo que los beneficiará es mirar a nuestros hijos y admitir que no somos madres perfectas. Pedir perdón a Dios y suplicarle que obre a través de nuestras debilidades como madres. Pedir perdón a nuestros hijos.

Como madres, no estamos llamadas a ser caricaturas. Dios nos creó, nos moldeó y nos sostiene día tras día.

Podemos ser la madre que Dios creó y moldeó. Podemos acudir a él cuando fallamos. No necesitamos descubrir cuál mamá es la mejor. Podemos vivir como aquellas a quienes Dios formó y moldeó, y pedir perdón cuando nuestras fallas hieren o afectan a quienes estamos llamadas a servir.

Señor,

Ayúdanos a vivir en la tensión entre ser la madre que tú creaste y moldeaste y reconocer cuándo necesitamos pedir perdón.

Amén.

Para reflexionar:

¿Qué caricaturas de madres observas en tu entorno?

¿Cómo qué clase de madre te ha creado y moldeado Dios?

Ser una máscara de Dios

Tan compasivo es el Señor con los que le temen
como lo es un padre con sus hijos.
Él conoce de qué hemos sido formados;
recuerda que somos polvo.

SALMOS 103:13-14

MIS HIJOS VIENEN A MÍ con sus problemas. Cuando son bebés, lloran cuando tienen hambre. Cuando gatean, me traen lágrimas, cortaduras y rasmillones para que los cure con una venda y un beso. Solucionar problemas es mi trabajo. Yo manejo el horario familiar, con todas sus piezas móviles y complicadas. Mis hijos lloran cuando no logro encajar algo en el día o hacer que algo funcione. Puedo administrar el horario, pero no puedo inventar el tiempo.

Algunas mañanas, me despierto y, desde el primer momento, tengo que enfrentar las necesidades de quienes me rodean. Alguien tiene dolor de estómago. Alguien necesita que le sirva la leche. Alguien necesita un abrazo. Alguien simplemente necesita hablar. Alguien necesita orientación para dar su próximo paso. Alguien necesita corrección. Alguien necesita un beso. Alguien no encuentra sus zapatos.

En medio de todas esas necesidades, dos verdades fundamentales suelen distorsionarse en mi mente:

1. Dios me ha puesto en la vocación de ser madre, y en esa vocación, tengo el privilegio de ser una «máscara de Dios». Él me usa para atender las necesidades de mi familia y ama a mi familia a través de mí.
2. Yo no soy Dios.

Distinguir entre ser una máscara de Dios y no ser Dios en realidad se vuelve evidente en esos momentos en los que grito: «¡Necesito un clon!». Empiezo a pensar que el mundo necesita más de mí, en lugar de más de Dios. En esos momentos en los que desprecio mis limitaciones, desprecio necesitar ayuda y desprecio no ser suficiente, convierto la verdad en una mentira.

Necesito preguntarme: ¿estoy tratando de guiar a mis hijos hacia Cristo o hacia mí? Mi deseo de tener una buena relación con mis hijos y que ellos me quieran suele estar en el centro de mi frustración. Pienso erróneamente que, si pudiera ser como Dios, ellos me querrían más. Erradamente razono que, si pudiera hacerlo todo, podría hacerlos felices.

Dios ha preparado buenas obras para que yo haga. Pero no ha preparado que yo haga todas las obras. Él sabe bien que soy polvo. Él nunca olvida que soy una humana limitada. Mi tarea no es hacerlo todo ni lograr que mis hijos me quieran más. Mi tarea es fijar la mirada en Jesús.

Esta verdad de que Dios recuerda y que yo soy solo polvo es un consuelo que se ha profundizado a medida que mis hijos crecen. Hay una progresión en la maternidad: Comenzamos con un niño completamente dependiente de nosotras para todo, y poco a poco les enseñamos a depender más bien de Dios.

Al principio, eres todo para tu hijo. Pero Dios, en su sabiduría, me hizo finita. Recuerdo haber clamado al Señor una vez, en un momento de profunda frustración conmigo misma, y haber caído en un desagrado conmigo misma por no poder ser el tipo de madre —la madre disciplinada— que mi hijo necesitaba. Estaba profundamente decepcionada de mí misma. Fue en el valle de una oración profunda donde comprendí que, si Dios me hubiera creado para serlo todo, mis hijos no tendrían razón alguna para depender de Cristo.

Mis hijos necesitan ver mis límites. Necesitan escucharme pedir perdón. La crianza consiste en atender sus necesidades mientras, al mismo tiempo, les mostramos lo que significa ser un ser humano finito que necesita un Salvador.

A medida que mis hijos crecen —de bebés a niños pequeños, preescolares, escolares curiosos, estudiantes intermedios, adolescentes hasta adultos jóvenes—, experimentan una comprensión gradual, y a veces enojada, de que, aunque su mamá sea una máscara de Dios, yo no soy Dios. Soy limitada, por naturaleza. Al crecer, empiezan a ver mis límites. Dejan de verme solo como su mamá y comienzan a verme como un ser humano. Empiezan a verme como una hermana en Cristo, como una persona que también necesita gracia.

Cuando mis hijos vienen a mí con un problema que no puedo resolver, se nos presenta una oportunidad: puedo tomar sus manos entre las mías y orar juntos. Es en esos momentos en los que no soy suficiente cuando tengo la bendición de apuntar sus corazones a Cristo. No necesito sentir culpa ni vergüenza. No necesito intentar forzarme a ser algo que no soy. En esos momentos, puedo señalar libremente mis limitaciones y la suficiencia de Cristo.

Dios, en su amor y sabiduría, no cumple todos los deseos de ellos. Él los instruye con paciencia y recuerda que ellos también son polvo. Al igual que yo, mis hijos lucharán con esto, orarán los Salmos a través de esto, y también lucharán con Dios.

No ha habido mayor gozo que ver a mis hijos caminar en la fe. Cuando no puedo más, Dios me concede un asiento en primera fila para ver lo que él está haciendo en la vida de mis hijos, algo mucho más allá de mí. Y así debe ser.

Señor,

Ayúdame a recordar que soy polvo. Enséñame a buscarte a ti como fuente de vida y aliento. Dame sabiduría para discernir cuándo se requiere mi sacrificio y cuándo estoy estorbando tu obra. Humíllame lo suficiente como para que mis hijos te busquen a ti. Concédeme el gozo de ver a mis hijos experimentar la profundidad de tu amor por ellos. Amén.

Para reflexionar:

¿En qué áreas de la vida estás intentando ser el salvador de tus hijos, en lugar de ser una herramienta que tu Salvador usa?

Domingo
por la mañana

Así que la fe viene como resultado de oír el mensaje
y el mensaje que se oye es la palabra de Cristo.

ROMANOS 10:17

EN UN HOGAR LLENO DE ENERGÍA CAÓTICA...

Es otro domingo por la mañana. Ella revisa el reloj con desesperación, busca el zapato que falta, llena pequeñas bolsitas con cereales y mete pañales, chupetes y toallitas húmedas extra en la pañalera. Buscando el zapato, vuelve a mirar el reloj. Faltan cinco minutos para que lleguen tarde, otra vez. Escucha el ruido familiar de un tazón de cereal caído, seguido por los gritos del pequeño desde el otro cuarto. Ahora van a llegar muy tarde. Probablemente pasarán casi todo el culto en el cuarto insonorizado. Se pregunta otra vez: «¿Realmente tiene sentido ir?».

En un hogar lleno de hormonas...
Es otra mañana con teléfonos en silencio, miradas hacia abajo constantes y tecleo rápido. Ella ya no escucha lo que los distrae,

sino que lo ve. Es evidente que sus hijos están más interesados en sus teléfonos que en el culto. Las preguntas que hacen ahora son más hostiles. Ya no creen en sus palabras. Están más cautivados por las noticias del momento, los comentarios inmaduros de sus amigos y los sistemas de fe infundados de sus profesores. Ella hizo lo mejor que pudo. Los llevó a la iglesia y al grupo de jóvenes, pero esa mañana, sentada en un banco lleno de distracciones, parecía que no hubiera hecho nada. ¿Cómo llegaron ahí?

En un hogar lleno de silencio...

Es otro domingo por la mañana. Otro trayecto solitario en el auto. Otro momento de preguntas y reflexión. Otro domingo sola. El domingo por la mañana se supone que es un momento para la familia. Es una tradición que heredó de sus padres. Una tradición que pensó haber inculcado también en su propia familia. Y, sin embargo, ahí está, sola una vez más en otro domingo. Todos viven en la misma ciudad. Todos tienen sus propios pequeños. ¿Por qué está sola domingo tras domingo?

Las frustraciones de una madre son muchas. Es fácil frustrarse y sentirse decepcionada al ver la manera en que otro expresa su fe, especialmente si ese «otro» es su propio hijo. Pero mirar la fe de su hijo no traerá paz al corazón de una madre, ni se supone que lo haga. La fe y la confianza son difíciles de ver con los ojos, tanto en la experiencia madura como en la vida de los niños. En lugar de encerrarnos en nosotras mismas o tratar de mirar dentro del corazón de nuestros hijos, la Palabra de Dios nos dirige la mirada hacia otro lado.

De principio a fin, desde el nacimiento hasta la muerte, el centro de la fe cristiana es Jesucristo. Todo, desde la creación del mundo, apunta hacia la llegada del Salvador victorioso. Y cada historia que sigue a la muerte reconciliadora y la resurrección de Jesucristo apunta hacia atrás, hacia su obra en la cruz. La historia central de la fe de hoy, de la fe de ayer y de la fe del mañana permanece igual: JESÚS.

La historia de Jesús consiste en creer que el Hijo de Dios, reconcilió a los pecadores con Dios. La historia de Jesús trata del perdón inmerecido. Es un regalo de consuelo supremo y libertad. El don de Jesús es que él hizo la paz con Dios, por nosotros.

Los temores y frustraciones de mantener la fe son acallados por la obra de Cristo.

Romanos 10:17 nos recuerda: «Así que la fe viene como resultado de oír el mensaje y el mensaje que se oye es la palabra de Cristo». Sus palabras crean una realidad nueva y hermosa para todo aquel que las oye. La fe entra por los oídos y el corazón cuando se proclama la Palabra de Dios a nuestros hijos y a nosotras mismas. El poder no reside en el estado o la fuerza de la persona que escucha. Todos somos indignos. El poder de la salvación en Cristo viene por el oír.

Contar la historia de la creación, la salvación, la redención y la vida eterna construye el mundo interior de nuestros hijos. Y aun cuando atraviesen lo más profundo y lo más alto de las emociones y de la experiencia humana, siempre tendrán consigo la historia del perdón y de la aceptación por el sacrificio de Jesús. La historia de la misericordia de Dios define la existencia de ellos y la nuestra, y nos seguirá el resto de nuestras vidas.

Puesto que la Palabra es proclamada en la iglesia, los seguimos llevando. Los llevamos en medio de la dentición, la distracción y las preguntas. No los llevamos como garantía de una banca llena en el futuro. Los llevamos porque Cristo está presente en su Palabra. Y ahí es donde la Palabra toca sus oídos con promesas eternas que ellos jamás habrían podido imaginar por sí solos.

Cada domingo, en todas las etapas de la crianza, dependemos de la Palabra. No importa la edad que tengan ni qué tan lejos vaguen, llevarán consigo una parte de quienes son en verdad: una declaración de que son sus criaturas amadas, libertadas por causa de Jesús, según la Palabra hablada de Dios.

Señor,
Recuérdanos que debemos poner la mirada en tu fidelidad, y no a las acciones de nuestros hijos. Recuérdanos que tu Pala-

bra crea y hace crecer la fe, aun en medio de la dentición y la distracción. Amén.

Para reflexionar:

  ¿Con cuál de los tres hogares te identificas más? ¿De qué manera te da esperanza el saber y recordar que el oír la Palabra crea y fortalece la fe?

Un esquema
piramidal

Ustedes son la luz del mundo. Una ciudad en lo alto
de una montaña no puede esconderse. Tampoco
se enciende una lámpara para cubrirla con una
vasija. Por el contrario, se pone en el candelero
para que alumbre a todos los que están en la casa.
Hagan brillar su luz delante de todos, para que ellos
puedan ver las buenas obras de ustedes y alaben a
su Padre que está en los cielos.

MATEO 5:14-16

«TENER UNA FAMILIA ES COMO UN ESQUEMA PIRAMIDAL».

Después de una pausa y unas cejas levantadas de parte mía
y de mi esposo, la abuela de 97 años de mi esposo se explicó.

Con brillo en los ojos dijo: «Cuando tuve a mis bebés, jamás
imaginé que esto (señalando a todos sus nietos y bisnietos) lle-
garía a pasar. Que mi familia seguiría creciendo».

Solté una risita, y mi esposo y yo intercambiamos miradas.
A veces la sabiduría se manifiesta en ilustraciones curiosas. No

podemos saber con certeza cómo será nuestra vida dentro de quince o cincuenta años. A menudo se me olvida la incertidumbre que vivieron los que vinieron antes que yo. Sentada en un banquillo del comedor, he tenido el privilegio de escuchar sobre la obra de Cristo en sus casi cien años de vida.

No me es ajeno escuchar historias de vidas vividas y de la obra de Cristo. Sentarme en la silla del tocador de mi bisabuela cuando era niña era el privilegio más grande. La silla era un poco más alta que las del comedor, y me dejaba cara a cara con abuelas, abuelos, tías, tíos y primos. Escuchaba las mismas historias una y otra vez, cada una con un nuevo matiz.

Aprendí algo en esa mesa de cocina que no supe articular sino hasta adulta. El esquema piramidal que es la vida —y la maternidad— no tiene como fin poner nuestra obra en exhibición para que todos la vean. El esquema piramidal que es la vida y la maternidad pone en exhibición la obra de Cristo.

La obra de Cristo se muestra en nuestras debilidades, en la incertidumbre que la vida trae, pero también en el gozo, en nuestro servicio (ya sea común o extraordinario) a los que nos rodean, y en nuestras confesiones.

Actualmente, nuestro hijo mayor está en séptimo grado y el menor en primero. Aun en estos breves trece años de maternidad, la obra de Cristo es evidente. No podía verla en tiempo real, pero resplandece cuando miro hacia atrás a los años de aprendizaje para criar junto al papá de mi hijo mayor. Resplandece cuando llego al límite, acabo gritándole a toda la casa, y necesito pedir perdón a todos. Se manifiesta cuando recibimos una llamada de la escuela por un mal comportamiento de uno de nuestros hijos y recordamos nuestras propias faltas que hacen necesario el perdón. Es casi cegadora cuando alguien se me acerca en medio de las luchas de la maternidad y me dice: «A mí también me pasa. Gracias a Dios por el perdón».

El esquema piramidal de nuestras vidas y de nuestras vocaciones como madres no sirve para exhibir nuestras obras ni nuestros logros. Resalta la bondad de Cristo en nuestras debilidades, incertidumbres, servicio y confesiones.

Padre celestial,

Recuérdanos que nuestro trabajo como madres no consiste en mostrar hijos perfectos ni técnicas impecables de crianza. Se trata de mostrar tu obra a quienes nos rodean. Permítenos descansar en esa verdad y en tu obra. Amén.

Para reflexionar:

¿Qué momentos de incertidumbre, debilidad, servicio y gozo en tu vida puedes señalar como evidencia de la obra de Cristo?

La hija perfecta

Dichoso aquel
a quien se le perdonan sus transgresiones,
cuyos pecados son cubiertos.

SALMOS 32:1

EN LA PELÍCULA *MOANA*[1], la audiencia conoce a la joven protagonista y su deseo de escapar, expresado a través de su canción.
Ella quiere hacer lo que agrada a su familia, pero anhela dejar la
isla. Mira hacia el mar mientras canta:

«Quiero ser la hija perfecta, pero siempre regreso a la
orilla, no importa cuánto lo intente».[2]

Creo que todas las hijas pueden identificarse con los fracasos
al intentar complacer a otros o alcanzar la perfección. Siempre
fallamos, no importa si nuestros esfuerzos son intensos o más

---

1. En España el título es "Vaiana" [Nota del traductor].
2. Lin-Manuel Miranda, «How Far I'll Go», interpretada por Auli'i Cravalho, *Moana*,
Walt Disney Records, 2016.

bien tibios. Recuerdo un momento en que las acciones de mi mamá transformaron esa carga de tratar de ser la hija perfecta.

Después de treinta años, partes de ese recuerdo permanecen vívidas, mientras que otras son borrosas. Tenía quince años y estábamos solas en casa. Ni siquiera recuerdo los detalles específicos de cómo fallé, pero sí recuerdo claramente que había metido la pata. Probablemente fue alguna de varias cosas: olvidé vaciar el lavavajillas, no recogí mi ropa o dejé el baño hecho un desastre.

La reprimenda fue fuerte. Me sentía decepcionada de mí misma. Podía ver que mi mamá estaba molesta, pero estaba confundida. El volumen y el ritmo del regaño parecía apropiado para alguien que había robado un auto, no para quien olvidó vaciar el lavavajillas. Recuerdo haber ido a mi cuarto desordenado para calmarme, y lo que vino después es lo que permanece vívido.

Recuerdo a mi mamá abriendo la puerta de mi cuarto.

Recuerdo ver lágrimas en sus ojos mientras me pedía hablar.

Recuerdo que me dijo que *ella* quería *pedirme perdón*.

La energía en la habitación cambió de una tensión cargada a un consuelo cálido. Me sentí vista y amada en ese momento honesto. Dijo: «Quise espantar una mosca, pero usé un martillo. No debí usar un martillo contigo». Ambas nos reímos, algo nerviosas, por lo exagerado del ejemplo. Pero entonces pasó algo que cambió todo para mí:

Ella me pidió perdón a *mí*.

Mi mamá era la fuerza que mantenía en marcha nuestros días y nuestras vidas. Era la cocinera, la encargada de la limpieza del hogar, la enfermera que trabajaba turnos de doce horas. Cuando me pidió perdón, comprendí que mi mamá también era una pecadora.

Quisiera ser la hija perfecta. Quisiera ser la madre perfecta. Pero esa carrera por alcanzar la perfección siempre nos lleva a dudar de uno mismo, a la vergüenza y la carga. Fallamos constantemente y no estamos a la altura de las expectativas de los demás. Cuando leo sobre Katie Lutero y todo lo que hizo por su familia, siento una punzada de autodesprecio.

No sé cómo hacer cerveza; Katie sí sabía.

No tengo una granja llena de animales ni un estanque lleno de truchas; Katie sí los tenía.

No tengo una mesa llena de estudiantes noche tras noche; Katie sí la tenía.

No convierto mi casa en una enfermería cuando hay un brote de peste; Katie sí lo hacía.

Pero:

Puedo reconocer mi pecado.

Puedo ser humilde ante mis hijos.

Puedo pedirles perdón.

El esposo de Katie, Martín Lutero, escribió sobre los peligros de la perfección cristiana. En sus lecciones sobre Isaías, Lutero advirtió: «Ninguna regla externa puede mantenerse sin una gentileza interna (aunque la mano sea firme), mucho menos el gobierno de la iglesia. ¡Fuera con aquellos que pretenden presentar la vida cristiana como una vida de perfección!».[3] ¡Fuera esas ideas de alcanzar la perfección que vemos en los demás!

Cuando escucho a Moana cantar: «Quisiera ser la hija perfecta, pero siempre regreso al agua, no importa cuánto lo intente»,[4] recuerdo que somos limpiadas y perdonadas por medio del agua del bautismo. No se trata de lo que yo hago. Lo que importa es la promesa que hay en el agua. En el agua, nuestra culpa y vergüenza son lavadas. En nuestro bautismo, somos hijas amadas, hijas del Rey. No podemos ganarlo, pero sí podemos recordarles a nuestros hijos y a nosotras mismas que el don del perdón es gratuito por causa de Cristo Jesús.

En lugar de enfocarnos en nuestras proyecciones de perfección —que no son más que mitos y mentiras—, miremos a las aguas del bautismo. Dejemos de correr tras la perfección y pongamos nuestros ojos en Cristo, quien nos sacia con el agua viva que jamás se agotará. En las promesas de Cristo, podemos perdonarnos los unos a los otros así como él nos ha perdonado.

3. Martín Lutero, *Day-by-day with Luther: 365 Devotions by Martin Luther*, ed. por Dawn Weinstock (Concordia Publishing House, 2015), 25 de agosto.
4. Miranda, «How Far I'll Go».

Padre celestial,

Gracias por el perdón que tenemos en Cristo Jesús. Ayúdanos a dejar la carrera por la perfección y a fijar nuestros ojos en la obra perfecta y completa de tu Hijo. En su nombre oramos. Amén.

Para reflexionar:

Como madres, somos confesoras y portadoras de perdón.

¿Cómo impacta el dar y recibir perdón en nuestras relaciones con nuestros hijos?

KAREN STENBERG

Una sala de partos en silencio

Entonces Jesús dijo:
—Yo soy la resurrección y la vida. El que cree en mí vivirá, aunque muera; y todo el que vive y cree en mí no morirá jamás. ¿Crees esto?
Marta dijo:
—Sí, Señor; yo creo que tú eres el Cristo, el Hijo de Dios, el que había de venir al mundo.

JUAN 11:25-27

DESPERTÉ UNA VEZ MÁS escuchando las voces de mis hijos mientras se preparaban para ir a la escuela. La voz de mi cuñada se mezclaba con las suyas mientras les preguntaba qué querían para el almuerzo. Los pasos apresurados de mi esposo resonaban por el suelo mientras salía a calentar el auto. Yo permanecía acostada en mi cama, recuperándome del parto sin un bebé. El dolor era profundo. No sabía qué hacer. ¿Debía levantarme y despedirme de mis hijos con un beso antes de que se fueran? ¿O debía quedarme en cama, dejando que mi cuerpo y mi corazón siguieran descansando en la soledad de mi cuarto?

Fue en medio del trajín de la vida que recibimos el diagnóstico de Trisomía 18 y nos dijeron que nuestra bebé ya mostraba signos de no estar desarrollándose como debería. Nos partió el alma compartir esta noticia con nuestros hijos. Nos destrozó admitir ante nosotros mismos que lo más probable era que la bebé que yo llevaba en el vientre no volvería a casa del hospital.

Pasamos las fiestas con una nube oscura que parecía cernirse sobre nuestro futuro y sobre la vida de esta hija que ya amábamos. Descubrí que esta bebé, a quien ni siquiera había sostenido o besado, ya había robado mi corazón.

En enero, Jesús la llevó a casa, y di a luz a mi única hija, que nació sin vida. Sostuvimos su cuerpecito silencioso, tomamos fotografías y nos despedimos. Después de meses de preguntarnos cómo sería nuestro futuro, lo estábamos viviendo. En medio de todo, surgieron muchas preguntas. ¿Cómo explicaríamos esto a nuestros hijos? ¿Cómo lo procesaría yo? ¿Cómo lo procesaríamos juntos?

Pasar por el duelo es un proceso caótico e impredecible. No es algo lineal, de la A a la Z, ni es algo que se supera. Es una danza torpe y dolorosa cuyos pasos no conocemos del todo. Nunca sabes cuándo el dolor volverá a golpear tu corazón. Algunos días, mi mente se enfurecía contra Dios. Otros días, sencillamente no tenía palabras.

A veces deseamos tener una lista de instrucciones probadas sobre cómo enfrentar el trauma y el duelo. Quisiéramos que el luto fuera igual para todos. Queremos un diagrama que nos diga cómo caminar en medio del dolor mientras cuidamos de nuestros hijos. Queremos una guía paso a paso para acompañar a nuestros hijos en su propio proceso de duelo. Queremos asegurarnos de no causarles más daño.

Cada uno de mis hijos procesó el dolor de manera diferente. Algunos hicieron preguntas de inmediato; procesaban en voz alta y con frecuencia. Otros eran más reservados y callados. Uno de ellos nos pidió que dejáramos de hablar de la bebé, que era demasiado triste. No quería pensar en eso. Un año después, ese mismo hijo comenzó a hacer preguntas y a escribir cartas y dibujar imágenes para su hermanita. Mi hijo que procesa las cosas en silencio me preguntaba en momentos aleatorios cómo era la muerte, y por qué algunas personas se enferman. Se preguntaba por qué él y sus hermanos habían nacido sanos, pero su hermanita no.

Todos mis hijos se preguntaron si Dios es todopoderoso. Se cuestionaron por qué, si nos ama y cuida de nosotros, no hizo algo en este asunto. ¿Por qué permitió que esto le sucediera a ella? Preguntas honestas, profundas y dolorosas salieron de la boca de mis pequeños. Sin importar la edad, todos hemos hecho esas preguntas al enfrentarnos con la tragedia y el dolor, y las volveremos a hacer mientras enfrentemos la realidad de un mundo roto.

El duelo suele aparecer en momentos inesperados e inconvenientes. Es ineludible. Nos alcanza a todos. Nuestro mundo está deshecho: habrá enfermedad, muerte, relaciones rotas, bancarrota, abuso, y la lista sigue. La mayoría de estas rupturas escapan por completo de nuestro control. No podemos esperar que Dios simplemente las quite y las reemplace con felicidad inmediata. Sin embargo, Dios no se aleja de nosotros cuando nuestro mundo se desmorona. Él está presente. Nos encuentra con su inmensa gracia y misericordia. Está con nosotros cuando caminamos por pasillos de hospitales, por cementerios o por los valles más oscuros.

Cada familia procesará y recorrerá su propio camino de duelo de maneras distintas. La gracia de Dios nos encontró a mí y a mi familia cada día. La gracia de Dios me llegó a través de las promesas sólidas de su Palabra. Cuando la vida se pone patas arriba, uno necesita aferrarse a la verdad; necesita un lugar donde sanar y resistir. El mundo ofrece distracciones, sanidades temporales y formas de adormecer el dolor. La Palabra de Dios ofrece una verdad inmutable. Nos da palabras para nuestros corazones dolidos y promesas de un Dios que nos ama. Promesas que ofrecen esperanza en medio del quebranto. Promesas que hablan de la sanidad venidera cuando todas las cosas sean hechas nuevas en Cristo.

Cuando me enojé con Dios, su Palabra, silenciosa pero firme, me habló. Cuando lloraba y recorría esos caminos difíciles en las consultas médicas, su presencia me sostenía. Cuando no era la madre que quería ser, me recordaba el perdón abundante que ya había derramado sobre mí. Envió a otros para amar a mis hijos e invertir en ellos. Sus brazos amorosos se sintieron en las comidas que nos llevaron y en los abrazos apretados que nos dieron. Cuando mi esposo y yo no teníamos casi nada que dar, recordé que ni siquiera en mis mejores días estoy llamada a ser la madre perfecta para mis hijos. Gracias a Dios ellos ya tienen un Padre celestial perfecto. Tengo el privilegio de señalarles a Jesús y sus promesas una y otra vez.

A medida que la niebla del duelo comenzó a disiparse y nosotros, como familia, empezamos a hablar de esas preguntas difíciles, vi la mano de Dios obrando mientras luchábamos juntos, mientras compartíamos versículos y promesas sobre quién es Dios y lo que dice su Palabra. Por su gracia, Dios nos dio fuerzas para soportar el dolor de verbalizar el proceso de pérdida.

Incluso ahora, años después, el aguijón del duelo me sorprende. Una mañana de Pascua, me encontré llorando desconsoladamente en la ducha. Me golpeó el saber que, mientras vestía a mis hijos, uno de ellos faltaba. Una hija que no podía preparar para la celebración de Pascua. No podía tomar su mano al caminar hacia la iglesia. No estaría en nuestra caótica foto familiar. La gracia de Dios me alcanzó ese día mientras celebrábamos la resurrección de Cristo, el que venció la tumba.

Al mismo tiempo, todos enfrentamos la realidad de un mundo quebrantado. La muerte de Cristo, su pago por nuestros pecados y su resurrección lo han conquistado todo. En medio del quebranto, el dolor, la tristeza y todo nuestro pecado, fijamos la mirada en él y en su obra en la cruz. Su gracia es la razón por la que podemos esperar con gozo el día en que hará nuevas todas las cosas. Su gracia es la razón por la que podemos celebrar, incluso en medio de las situaciones ruinosas de nuestra vida. No importa cuán oscura se vuelva la situación aquí, su luz siempre resplandece.

Señor,

Cuando nos encontremos en circunstancias oscuras e incomprensibles, recuérdanos quién eres. Recuérdanos, en nuestros días de duelo, que tú eres la resurrección y la vida.

Para reflexionar:

¿De qué modo la resurrección de Cristo y su obra restauradora traen consuelo en medio del duelo? En tu dolor, ¿en qué momentos has visto la luz de Cristo parpadear en tu vida?

MICHELLE DIERCKS

Soltar

El que habita al abrigo del Altísimo
descansará a la sombra del Todopoderoso.
Yo digo al Señor: «Tú eres mi refugio,
mi fortaleza, el Dios en quien confío».

SALMOS 91:1-2

Pequeñas luces titilaban y delineaban el piso del salón de
baile Fairyland. Mientras esperábamos nuestro almuerzo, el
desgastado piso de madera invitó a mi hijo a salir a bailar.

La música de la imaginación llenaba el corazón de Jacob y
fluía por su cuerpo en una serie de movimientos que deleitaban
a los espectadores. Se movía libremente por el salón con una
mezcla de ballet, rap y pasos tipo disco. Su danza expresaba la
alegría exuberante que solo un niño de cinco años puede tener.

Después del almuerzo, el piso volvió a llamarlo, pero esta vez
con las palabras: «Mami, ¿bailas conmigo?».

Mi corazón se detuvo. No había música sonando. Seríamos
los únicos en la pista de baile. ¿Qué pensaría la gente?

Pero la alegría es contagiosa. Toma tu corazón por sorpresa,
y antes de que te des cuenta, un momento ordinario se convier-
te en un recuerdo extraordinario.

Antes de que ganara la razón, tomé su mano y bailamos, giramos por la pista siguiendo la música de nuestros corazones. Dimos vueltas por el salón, riendo y disfrutando el momento. Al final del baile, Jacob me llevó de regreso a la mesa, hizo una reverencia mientras besaba mi mano y me entregó nuevamente a su papá. Miré a mi alrededor y, aunque había sonrisas y risitas, también se percibía un profundo anhelo en sus ojos por soltarse y bailar.

Las lágrimas caen mientras revivo ese momento de hace dieciséis años. Mi corazón recuerda al niño pequeño que me cautivó, y ahora me asombro del joven que tengo delante.

El transitado camino de la vida llama al hombre en el que se ha convertido. Pero esta vez, no estoy invitada a unirme al baile, y Dios me pide que lo suelte y confíe en él con la vida de mi hijo.

¿Cómo soltamos a los hijos que hemos sostenido en nuestro vientre, en nuestro corazón y en nuestros brazos desde que supimos de su existencia? Parece imposible, y lógicamente sabemos que nuestros padres hicieron lo mismo con nosotros. Aun así, se ve diferente porque nuestra perspectiva ha cambiado al recorrer este sendero desconocido de soltar a nuestros hijos.

Quizás podamos soltarlos al recordar las promesas de Dios, cuando los sostuvimos en brazos y los llevamos a las aguas del santo bautismo. Sabemos que Dios los sostiene en sus hábiles manos. Las promesas que se hicieron ese día se renuevan a diario. La verdad preciosa es que Dios los conoce, los ama y los llama por su nombre.

Podemos descansar en las promesas inquebrantables de un Dios fiel, incluso cuando el camino desgastado de la vida los lleve a enredos angustiosos. Nuestros hijos enfrentarán problemas que no podremos arreglar. Sabemos que sus corazones se quebrarán por el dolor, y quisiéramos intervenir para detenerlo y protegerlos del sufrimiento, pero no podemos.

Sin embargo, hay algo a lo que sí podemos aferrarnos mientras contenemos la respiración en medio de la incertidumbre y esperamos: Dios está con ellos de una manera en la que nosotros no podemos estarlo. El Espíritu Santo será su consejero y confortador. Jesús promete darles su fortaleza, y ellos podrán descansar al alero del Dios Todopoderoso, donde nunca serán abandonados.

El mismo Dios que los formó y los conoció mucho antes que nosotros, los ama más de lo que podemos imaginar.

Podemos tomar nuestros temores llenos de «¿qué pasa si…» y recordar cuál es la verdad:

El Señor está cerca. No se preocupen por nada; más bien, en toda ocasión, con oración y ruego, presenten sus peticiones a Dios y denle gracias. Y la paz de Dios, que sobrepasa todo entendimiento, cuidará sus corazones y sus pensamientos en Cristo Jesús (Flp 4:5b-7).

Amoroso Padre celestial,

Mientras aprendemos a soltar a nuestros hijos, ayúdanos a recordar las promesas que les diste por medio del agua del santo bautismo. Recuérdanos hoy y siempre que tú sostienes todas las cosas con tus manos poderosas. Renueva y fortalece nuestra fe para que podamos confiar en ti en cada momento. En el precioso nombre de Jesús oramos. Amén.

Para reflexionar:

¿Qué pensamientos del tipo «¿qué pasa si…?» te preocupan mientras ves crecer a tu hijo?

¿En qué promesas de Dios puedes descansar?

Pérdida gestacional

¿Acaso no creemos que Jesús murió y resucitó?
Así también Dios resucitará con Jesús
a los que han muerto en unión con él.

1 TESALONICENSES 4:14

HACE ALGUNOS AÑOS, a medida que el mundo comenzaba a entibiarse con nuevos brotes, perdí a mi primer bebé. Sufrí una pérdida gestacional justo después del primer trimestre, cuando mi esposo y yo ya habíamos comenzado a compartir la noticia con nuestra familia y amigos. Apenas comenzaba a encariñarme con la expectativa de ser madre de nuestra pequeña.

Ese sufrimiento es algo que espero no volver a experimentar jamás. Ojalá pudiera quitárselo a todas las personas que ya lo han vivido y a quienes lo vivirán. Pero sé que vivimos en un mundo sin esas garantías.

Casi uno de cada cuatro embarazos termina en una pérdida gestacional. Convertirme en parte de ese uno de cada cuatro ha sido la prueba más significativa en mi vida de cuán necesitado de redención está este mundo. Tal vez tú también has sido parte de esa estadística, o seguramente conoces a alguien que lo ha sido. La pérdida gestacional atraviesa los velos que nos hacen creer que todo está bien. La tristeza revela la abrumadora cantidad de incógnitas que hay en la vida.

No sé si la tristeza alguna vez desaparece por completo. Con el tiempo, las heridas de la pena pueden suavizarse, como una cicatriz, pero la marca de la herida permanece. Sé que, aunque muchas veces intentamos aliviarlo con explicaciones o encerrarlo en una caja bien atada, la tristeza encuentra la forma de devolvernos a ella en momentos inesperados y de modos inesperados. En esos momentos, resulta menos útil tratar de usar a Dios para explicar el dolor, y más consolador aferrarse a lo que él dice que es verdad.

No sé si, desde un punto de vista teológico, responder al «por qué» nos lleva a algún lugar realmente útil.

Pero las respuestas de Dios al «quién», «qué» y «dónde» han sido un consuelo para mí.

¿*Quién* es Dios? Es el Creador que ama y redime.

¿*Qué* hace? Sufrió y murió por nosotros. Salva, perdona, resucita y nos sostiene estrechamente.

¿*Dónde* está? Está en su Palabra, predicada por labios humanos. Se une al agua y al vino para que creamos y confesemos quién es él y qué hace.

En medio del sufrimiento de una pérdida gestacional, nos hacemos otra pregunta: «¿Dónde está ahora mi hijo?».

Nuestros hijos están seguros en los brazos de Cristo. Dios responde las oraciones de su pueblo. Es un Dios que cumple sus promesas. No importa cuán débiles, fugaces o momentáneas hayan sido tus oraciones, él sostiene a tu hijo ahora y por toda la eternidad, porque tú también estás en él. Él está unido a todos los creyentes, tanto en la vida como en la muerte (1 Ts 4:14; Ro 6:4-5). Ha congregado y se ha unido a cada miembro de la Iglesia universal, sin importar su edad, ni su condición, ni si pudieron dar su primer respiro en la tierra o si vivieron toda su vida en el vientre.

Cuando Cristo viene a nosotros en la Cena del Señor, nos encontramos unidos como uno solo. Allí, cada domingo en el altar, en el lugar donde el cuerpo y la sangre de Cristo son puestos sobre tus labios, estás verdaderamente en comunión con Cristo y con cada miembro de la comunión de los santos que ha partido antes que tú. En el altar, nuestros seres queridos por quienes lloramos están unidos con Cristo. Una sola iglesia, un solo cuerpo —incluidos nuestros hijos que esperamos conocer en la resurrección— están todos reunidos en torno al cuerpo partido y la sangre derramada de nuestro Salvador.

Vivimos con esperanza, aguardando el regreso de Cristo y la resurrección de nuestros cuerpos, y por eso también debemos vivir con la esperanza de que un día estaremos nuevamente con aquellos que hemos perdido. Pero ahora, mientras esperamos, Cristo alivia las cicatrices de nuestra tristeza; él sostiene a nuestros bebés en sus brazos seguros y eternos.

No siempre se nos da la respuesta al porqué. Pero Dios, en su gracia, sí nos da las respuestas al quién, qué y dónde. Él es un Dios bueno, y cumplirá todas sus promesas. Lloramos, nos alegramos, sufrimos y esperamos a la luz de esta verdad, por causa de quién es Dios y lo que ha hecho por nosotros y por nuestros hijos.

Jesús,
En medio de la tristeza, te damos gracias por estar unidos a ti y por tu unión con todos los creyentes. Amén.

Para reflexionar:
¿Qué consuelo encuentras en la «comunión de los santos»?

JESSICA THOMPSON

Confianza ante la duda

El Señor está cerca de los quebrantados de corazón,
y salva a los de espíritu abatido.

SALMOS 34:18

COMO MADRE, NO HAY MUCHAS COSAS más desgarradoras que tener un hijo que rechaza la verdad. Las emociones que acompañan ese rechazo son muchas: preocupación, enojo, dolor, vergüenza, duda, tristeza. Básicamente, el sentimiento se puede describir con las palabras del salmista en el versículo anterior: quebrantado de corazón y espíritu abatido.

Y, sin embargo, es justo ahí, en medio de ese quebranto del corazón, en el centro de ese abatimiento, donde descubrimos que Dios está presente. Él es quien siempre ha sido: Emanuel, Dios con nosotros.

Me encanta la forma en que Eugene Peterson parafrasea este versículo en la versión *The Message*. Dice así: «Si tienes el corazón roto, encontrarás a Dios justo ahí; si sientes como una patada en el estómago, él te ayudará a recuperar el aliento». No sé si alguna vez he sentido una patada en el estómago como la que sentí al escuchar las palabras: «Simplemente no creo en Dios». Sentí una tristeza profunda al oír esa aseveración. El dolor y la desesperanza que mi hijo encontraría durante todo su rechazo a Dios dificultaría cada aspecto de su vida más de lo necesario. Como madre, tal vez comprendas la tristeza que se experimenta cuando un hijo toma un rumbo equivocado. Esa sensación de querer abrazarlo y mantenerlo a salvo se siente como una imposibilidad. Cuando me encuentro en ese lugar, oro para recordar que Dios es quien lo guarda. Dios es quien lo atraerá. Dios es quien está cerca de los quebrantados de corazón, y así como está cerca de mí en este dolor, mi oración es que también se muestre cercano a mi hijo de una manera que mueva su corazón hacia él.

No solo sentí una tristeza profunda, sino también una vergüenza profunda. ¿Qué hice mal? ¿Por qué no fui capaz de comunicar la verdad del evangelio de forma convincente? ¿No fue suficiente mi vida y mi amor como instrumento para atraerlo? Luché con estas preguntas durante mucho tiempo y, siendo honesta, aún lucho con ellas. Cuando mi mente se llena de interrogantes y de mis fracasos, oro para que el Espíritu Santo me recuerde que nunca fui yo quien iba a salvar a mi hijo. Esa siempre fue su obra. En los momentos de vergüenza, necesito recordar el perdón y mi verdadera identidad.

En esos lugares de tristeza, confusión y vergüenza, también encontré algo más. Mientras trataba de recuperar el aliento, encontré al Aliento de Vida ministrándome.

Cuando estás preocupada por la fe de tu hijo, sin importar la edad que tenga, recuerda que aquel que da la fe, aquel que da la vida, también es el que está cerca de ti.

No solo está cerca de ti en tu dolor; Hebreos 4:14-16 nos dice que él siente nuestro dolor con nosotras:

> Por lo tanto, ya que en Jesús, el Hijo de Dios, tenemos un gran sumo sacerdote que ha atravesado los cielos, aferrémonos a la fe que profesamos. Porque no tenemos un sumo sacerdote incapaz de compadecerse de nues-

tras debilidades, sino uno que ha sido tentado en todo de la misma manera que nosotros, aunque sin pecado. Así que acerquémonos confiadamente al trono de la gracia para recibir la misericordia y encontrar la gracia que nos ayuden oportunamente.

Hay uno que realmente entiende tu preocupación. Hay uno que se compadece de nosotras precisamente en esos lugares de la vida donde nos sentimos más débiles. Hay uno que te llama a acercarte. Hay uno que ofrece misericordia y gracia para ayudarnos en el momento de necesidad. Corre a él, querida hermana. Cuéntale a tu Sumo Sacerdote tu dolor, preocupación, enojo, confusión, tristeza; lo que sea que estés sintiendo, entrégaselo. Él está cerca. Que su cercanía sea tu guía y tu esperanza.

Señor,
Recuérdanos, en nuestra duda y cuando nuestros hijos dudan, que tú eres fiel. Permítenos acercarnos a tu trono con confianza y guíanos hacia tu misericordia y gracia. Amén.

Para reflexionar:
¿De qué manera el saber que Jesús se compadece de ti te anima a acercarte a él en oración?

KATIE KOPLIN

El regalo de las bolsas

Él es anterior a todas las cosas,
que por medio de él forman un todo coherente.

COLOSENSES 1:17

EL DÍA DE SAN VALENTÍN ES UN DÍA EMOCIONANTE para muchos niños en edad escolar. Hay tarjetas que preparar y una caja que decorar para recolectar las tarjetas que recibirán de los demás. Nuestra hija es de esas personas que se toman en serio la creación de cualquier cosa. Le encantan las manualidades. También es independiente y decidida.

Un día de San Valentín, su pasión por las manualidades y su independencia se combinaron y crearon la tormenta perfecta. Unos días antes de San Valentín, habíamos asistido a un evento de manualidades en la biblioteca local. Nuestra hija no se contuvo y preparó doce tarjetas. Durante la semana previa a la fiesta de San Valentín en su escuela, también había armado trece tarjetas compradas en la tienda. Observaba con atención cada caja de Amazon que llegaba a la puerta, esperando una que fuera del tamaño perfecto para convertirla en buzón para recolectar las tarjetas de sus compañeros. Transformó la caja ideal en algo que contenía tanto brillo que parecía una bola de discoteca.

Finalmente llegó el día de su fiesta de San Valentín, y ella estaba decidida a no llegar tarde. Es más organizada que yo, así que por lo general la dejo hacer las cosas a su manera, a menos que pida ayuda. Mientras tenía a mi hijo de tres años sentado en la encimera para ponerle los zapatos, alcancé a ver por el rabillo del ojo el comienzo de un desastre de proporciones escolares.

Vivimos en el centro-oeste de Minnesota, lo que significa que muchos días de San Valentín son fríos. Este no fue la excepción. El viento soplaba con fuerza en nuestra vía de entrada mientras nuestra hija se dirigía al auto, aferrándose con fuerza a todas sus creaciones. Llevaba doce tarjetas hechas a mano, trece compradas en la tienda y un buzón brillante como una bola de discoteca, todo sostenido entre sus dos manitos.

No tuve tiempo de evitar el desastre que ya preveía en mi mente. Su mano alcanzó la manija de la puerta y veinticinco pequeñas tarjetas junto con el buzón brillante salieron volando por la entrada. Para cuando llegué a ella, las lágrimas ya habían comenzado a caer, y se había convencido de que todas las tarjetas, su día entero y quizás toda su vida estaban arruinados. Recogimos sus tesoros mientras sus lágrimas seguían cayendo.

La subí al auto y le dije que iba a entrar a buscarle una bolsa. Cuando volví, me encontré de frente con un firme y lloroso: «No voy a usar una bolsa».

No entendía su oposición.

Una y otra vez me repetía: «No voy a usar una bolsa».

Después de muchas preguntas y pocas respuestas racionales, finalmente me dijo: «Mamá, no puedo usar una bolsa. Si uso una bolsa, la gente va a pensar que soy débil y que no puedo con todo». En ese momento pensé: «¿Hablas en serio? Todo el mundo usa bolsas». Nadie podría cargar todo lo que tú esperas poder cargar. Es imposible equilibrar veinticinco tarjetas sobre una bomba de brillantina, en medio de una casi tormenta de nieve en el oeste de Minnesota.

Una vez que ella se calmó y llegó a la escuela, iba de regreso a casa pensando en su frase: «No puedo usar una bolsa, mamá. La gente va a pensar que soy débil y que no puedo con todo».

No podía entender por qué pensaba que siquiera era capaz de hacerlo. Hasta que consideré mi propia vida.

Yo quiero cargarlo todo… No quiero ayuda.

Quiero sostenerme a mí misma, a mi familia, mi vida, mi salud, mi fe. O al menos aparentar que lo estoy haciendo.

Quiero demostrar cuán fuerte e independiente soy en lugar de admitir mi debilidad y utilizar los dones que Dios me ha dado. Cuando quiero demostrar mi supuesta independencia, termino igual que mi hija. Termino corriendo detrás de los fragmentos de mi vida por todo el campo. Termino convencida de que todo está arruinado porque no puedo con todo. Termino llorando desconsoladamente en medio de la tormenta de nieve que es mi vida. Dios no nos creó para ser independientes de él ni de los demás. Fuimos creados para una relación con él y con las personas a nuestro alrededor.

¿Cuántas veces entramos en medio de la tormenta de nuestras vidas con todos los pedazos cuidadosamente apilados, listos para presumir nuestras habilidades en lugar de la obra de Cristo en nosotras?

Gracias a Dios que él actúa para sostenernos a pesar de nosotras mismas. Por más que mi hija se esforzó ese día en convencerse de que la fiesta de San Valentín —y su vida en general— estaban arruinadas por lo que ocurrió, no fue así.

Lo mismo sucede con nosotras. Podemos convencernos de que hemos frustrado la obra de Dios en nuestras vidas. Podemos tratar de convencernos de que todo está arruinado y que somos irredimibles. Pero eso simplemente no es verdad. No podemos frustrar su obra en nosotras.

Tampoco podemos llevar a cabo nuestras vocaciones solas. Dios nos ha dado el regalo de los prójimos para ayudarnos, y al mismo tiempo, él nos usa en la vida de los demás. Es una imagen hermosa y caótica. A veces, parece que todos estamos corriendo detrás de los fragmentos de nuestras vidas en medio de una tormenta. Otras veces, parece que estamos abriendo la puerta para otro y ayudándole a llegar a salvo a su destino. Sea como sea, descansamos en saber que él sostiene todas las cosas.

Señor,

Mientras corremos detrás de los fragmentos arremolinados de nuestras vidas, recuérdanos que no fuimos creadas para vivir solas. Descansamos en ti y en tu obra mientras recogemos los fragmentos de nuestra vida. Trae a nosotros personas que tú estés usando para proveer para nuestro cuerpo y alma. Amén.

Para reflexionar:
  ¿Hay alguna «bolsa» en tu vida que te da temor usar?

MELINA SMITH

El curioso baile de la crianza

Señor, tú me examinas y me conoces.
Sabes cuándo me siento y cuándo me levanto;
aun a la distancia me lees el pensamiento.
Mis trajines y descansos los conoces;
todos mis caminos te son familiares.

SALMOS 139:1-3

«DIOS NO JUEGA AL ESCONDITE» —James Nestingen

Una cosa que la gente no suele mencionar es cuán curioso era Jesús. Piénsalo: su acercamiento a la mujer samaritana fue omnisciente y, sin embargo, curioso. Sus interacciones con personas como María, Marta y Nicodemo estaban impregnadas de curiosidad.

Cuando analizas esos momentos, te das cuenta de que Jesús tenía una capacidad increíble para conectar con los seres humanos, incluso con aquellos que no simpatizaban con él. Sus preguntas y su sabiduría perfecta atraían a las personas, quisieran o no ser atraídas.

Creo que la curiosidad está profundamente enraizada en la crianza. Es nuestra reacción natural hacia nuestros hijos y hacia quienes nos rodean.

Piensa en tu primer embarazo. Hay tanta maravilla y curiosidad en juego: «¿Cómo será mi hijo? ¿Tendrá mi nariz o la de mi padre?». Nos sumergimos en la imaginación por ese niño que esperamos.

Es divertido cómo comenzamos desde esa postura, y poco a poco, con el tiempo, vamos perdiendo la imaginación hacia nuestros hijos.

Con el paso del tiempo y las transiciones, nos cuesta mantenernos conectados porque luchamos contra la persona en la que nuestros adolescentes se están convirtiendo. Olvidamos que los hijos no son clones ni extensiones de nosotros mismos. Los hijos también son para nosotros; forman parte de nuestro crecimiento como seres humanos, pero resistimos el cambio y el dolor que viene con el crecimiento. Es allí donde la lucha y la desconexión comienzan a infiltrarse.

Los seres humanos tienden naturalmente al aislamiento como una forma de sentirse bien. Y esto es difícil para nosotros cuando los adolescentes parecen tan distintos de quienes somos. Sus diferencias pueden parecer rebeldía, y los adultos podemos llegar a aislarnos de nuestros adolescentes cuando perdemos todo sentido de curiosidad.

Jesús debió sentir algo parecido, siendo humano y todo eso. Imagina vivir entre todos nosotros, los hijos de Dios, y enfrentarse a la rebeldía de toda la humanidad. Pero ¿qué hace Jesús, una y otra vez? Se llena de curiosidad y viene directamente a nosotros a resolverla.

Criar adolescentes requiere mucha humildad. De hecho, hace falta un milagro para permanecer conectados en esos momentos en que nuestros antiguos bebés nos rechazan. Entonces, ¿qué hacemos? ¿Qué actitud adoptamos como padres amorosos?

Creo que nuestra oración se ve más o menos así…

«Querido Jesús, ayúdame a interesarme por las cosas que les importan a mis hijos adolescentes».

«Querido Jesús, ayúdame a ser paciente y a guardar silencio cuando creo que "yo sé más"».

«Querido Jesús, ayúdame a mantenerme curiosa y a recordar que ganar a veces significa tener que perder cuando se trata de nuestros adolescentes».

Criar también se ve como ver videos en *YouTube*, llevar a los hijos a conciertos y hacer tonterías con ellos. Si queremos conexión, necesitamos estar dispuestas a bajar la guardia y no tomarnos demasiado en serio.

Escrito con amor por una mamá que finge disfrutar los videos de baile en *TikTok*. ¡Uno hace lo que tiene que hacer!

Querido Jesús,

Recuérdame que tú buscas a mis hijos y los conoces.

Recuérdame que sabes cuándo se sientan y cuándo se levantan.

Recuérdame que conoces sus pensamientos.

Recuérdame que conoces mi camino.

Recuérdame que estás familiarizado con todos sus caminos.

Recuérdame que aun antes de que una palabra llegue a su lengua, tú ya la conoces.

Recuérdame que tu mano está sobre ellos.

Recuérdame que tú sabes estas cosas, aunque yo no las sepa.

Recuérdame que si suben al cielo, tú estás allí.

Recuérdame que si tienden su lecho en el Seol, tú estás allí.

Recuérdame que cuando salen por la mañana, tú estás allí.

Recuérdame que no importa a dónde vayan, tu mano los guía y tu diestra los sostiene.

Para reflexionar:

¿De qué manera el saber que Dios conoce a tu hijo adolescente más de lo que tú jamás podrías te da consuelo y libertad en tu crianza?

No planeado

Dichoso aquel
a quien se le perdonan sus transgresiones,
cuyos pecados son cubiertos.
Dichoso aquel
cuyo pecado el Señor no le toma en cuenta,
y en cuyo espíritu no hay engaño.
Mientras guardé silencio,
mis huesos se fueron consumiendo
por mi gemir de todo el día.
Mi fuerza se fue debilitando
como al calor del verano,
porque día y noche tu mano pesaba sobre mí.
Pero te confesé mi pecado
y no te oculté mi maldad.
Me dije: «Voy a confesar mis transgresiones al Señor».
Y tú perdonaste la culpa de mi pecado.

SALMOS 32:1-5

LA MATERNIDAD NO COMENZÓ como yo lo había anticipado. Comenzó más bien como una de esas canciones *country* que sonaban todo el tiempo en mi iPod. Me subí a una camioneta en el estacionamiento de un bar de un pueblo pequeño. A la mañana siguiente desperté sin saber bien dónde estaba, tratando de reconstruir los eventos de las horas anteriores.

Meses después, me sentía aturdida y decidí salir a tomar aire fresco. Hacía meses que no salía a correr con regularidad. Supuse que esa era la razón por la cual me costaba tanto respirar. Quizá mi período tenía la culpa de mi cansancio. Ya había pasado un tiempo desde el último. ¿Cuánto tiempo? ¿Estaba por llegar? ¿Había pasado más de un mes? No podía recordar las fechas. Fui a Walmart para quedarme tranquila.

De vuelta en mi apartamento, la línea se volvió rosa en cuanto la orina tocó el test. Sacudí el test y también mi cabeza. A muchas personas les lleva meses, o años, quedar embarazadas. Hice otra prueba y el resultado positivo apareció igual de rápido.

Esa no era yo. Esta no era la forma en que había imaginado que comenzaría la maternidad. Y, sin embargo, aquí estaba, en el inicio de la maternidad. Como dijo el empleado de la gasolinera a la protagonista embarazada de la película *Juno*: «Eso no es una pizarra mágica. Este dibujo no se puede borrar, comadre».[1]

Subirme a la camioneta de un desconocido y regresar embarazada no estaba en mi lista de cosas por hacer, ni tampoco encajaba con mi personalidad.

Había crecido asistiendo a una escuela luterana. Era una habitual del grupo de jóvenes. Hacía evangelismo puerta a puerta. Me gradué de una universidad luterana.

Me había convencido de que no necesitaba tanto perdón como otras personas. Yo hacía las cosas correctas, daba los pasos correctos, iba a los lugares correctos… hasta que dejé de hacerlo.

Más tarde conocí a mi esposo por *eHarmony*, y pronto estábamos planeando nuestra boda. Me llenó de alegría saber que el pastor que me había bautizado y confirmado aceptó oficiar nuestra ceremonia. La emoción se mezclaba con nervios cuando pensaba en lo firme que era el pastor en su postura moral

---

1. *Juno*. Dirigida por Jason Reitman. Con actuaciones de Ellen Page, Michael Cera y Jennifer Garner. Fox Searchlight Pictures, 2007.

sobre las relaciones sexuales antes del matrimonio. A medida que se acercaba la fecha de nuestra primera sesión de consejería prematrimonial, comencé inconscientemente a hacer una lista mental. Una lista de todas las cosas que iba a hacer para redimirme como esposa y madre. Sentada en la oficina del pastor aquel día de septiembre, las palabras que él me dijo cambiaron la trayectoria de mi vida.

Durante nuestra conversación, le conté mi lista de cosas que iba a hacer para redimirme como esposa y madre. No recuerdo bien qué incluía, pero tenía que ver con preparar comidas, mantener la casa en orden y ser, en general, maravillosa.

Después de presentarle mi plan, el pastor me miró y me dijo: «Katie, tú sabes que ya eres perdonada, ¿verdad? Si no me escuchas en nada más, escucha esto: estás perdonada».

Mientras yo presentaba mi caso para redimirme, mi pastor escuchó la voz de alguien desesperadamente necesitada de absolución. Mi cuerpo comenzó a temblar mientras la ansiedad se desvanecía, y las lágrimas de alegría comenzaron a fluir. Ese momento y esas palabras moldearon mi maternidad de maneras que todavía estoy descubriendo hoy.

Enfrentar nuestras vocaciones como una forma de redimirnos o de probar nuestro valor siempre terminará mal. En cambio, cuando las enfrentamos arraigadas en el perdón que hemos recibido y recordándolo constantemente, eso produce humildad y servicio hacia nuestro prójimo. La maternidad es difícil. Cada día necesito escuchar esas dulces palabras: «Estás perdonada». Escuchar esas palabras de perdón en las primeras etapas de la maternidad, incluso antes de convertirme en esposa, sigue moldeando mi labor como madre y esposa. En esta vocación —y en muchas otras— es fácil caer en la mentalidad agotadora de que estamos trabajando para ganarnos algo, en lugar de descansar en la verdad de que nuestras vocaciones son una expresión de la obra de Cristo en y a través de nosotras.

El trabajo que realizamos no es un medio para redimirnos. El trabajo que hacemos está arraigado en el perdón. La obra de Cristo abunda en nuestras vidas.

No importa cómo comenzó tu maternidad o cómo va ahora: todas necesitamos escuchar una y otra vez esas dulces palabras: «Estás perdonada».

Señor,

Recuérdanos tu perdón. Permite que nuestro trabajo brote de un corazón que descansa en ti, y no de uno que intenta ganarse algo. Amén.

Para reflexionar:
¿De qué manera el perdón trae descanso a tu vida y tu trabajo?

KAREN STENBERG

Información ilimitada

Del tronco de Isaí brotará un retoño;
un renuevo nacerá de sus raíces.
El Espíritu del Señor reposará sobre él:
Espíritu de sabiduría y de entendimiento,
Espíritu de consejo y de poder,
Espíritu de conocimiento y de temor del Señor.
Él se deleitará en el temor del Señor.
No juzgará según las apariencias
ni decidirá por lo que oiga decir,
sino que juzgará con justicia a los necesitados,
y dará un fallo justo en favor de los pobres
de la tierra.
Herirá la tierra con la vara de su boca;
matará al malvado con el aliento de sus labios.
La justicia será el cinto de sus lomos
y la fidelidad, el ceñidor de su cintura.

ISAÍAS 11:1-5

Luchaba con mi bebé de seis meses mientras se retorcía y
reía, tratando de escaparse mientras le cambiaba el pañal. Le
puse un mameluco limpio sobre su gran cabecita y comencé a

cerrarle los broches. Mientras lo hacía, sentí algo duro bajo su piel. Empecé a palpar un poco más su pierna y descubrí lo que parecía ser un gran nudo duro bajo la piel.

Entré en pánico.

¡¿Qué le podía haber pasado a mi bebé perfecto?! ¿Protuberancias bajo la piel? De inmediato pensé: «¡Mi hijo tiene cáncer!». Naturalmente, acudí al lugar donde están todas las respuestas: *Google*. Comencé a buscar por todo internet la información que pudiera encontrar. ¿Me daría WebMD un diagnóstico que calmara mi corazón acelerado? Quería seguridad ya. Quería saber que mi bebé estaría perfectamente bien. Pero, como todos sabemos, WebMD y los otros artículos que encontré parecían confirmar mi diagnóstico. Sonaron todas las alarmas en mi mente. Sabía que probablemente estaba exagerando; sabía que mi mente estaba dando vueltas, pero mi cerebro seguía aferrado al diagnóstico de cáncer.

Mi esposo llegó a casa y corrí a contarle lo que había encontrado. Obviamente estaba preocupado, pero fue más cauteloso con respecto a sacar conclusiones apresuradas. Llamamos a su madre, una veterana que sabía qué preguntas hacer: «¿Recibió sus vacunas de los seis meses la semana pasada?». Le respondí: «Sí, sí las recibió». Ella dijo: «Creo recordar que eso les pasó a algunos de mis hijos después de las vacunas. Yo simplemente consultaría con el médico por la mañana». Y así fue. Hablé con el médico al día siguiente, quien me explicó que solo eran los músculos irritados por la vacuna y que debía desaparecer en un par de días. Si no lo hacía, podía volver a consultarlo. Por suerte, eso fue exactamente lo que sucedió.

Algunos años más tarde, me encontré nuevamente buscando respuestas por todo internet. El bebé que llevaba en mi vientre había sido diagnosticado con un trastorno cromosómico: trisomía 18. Las palabras y el diagnóstico sonaban ajenos a mis oídos. Nunca había escuchado hablar de eso. Pasé página tras página buscando respuestas. La información era desalentadora. Consulté estadísticas, leí historias de otras personas y me uní a un grupo de apoyo en línea. Me preguntaba si había esperanza para este pequeño. ¿Podría encontrar alguna certeza en los testimonios de otros? ¿Podría hallar paz en internet?

Solo el 5% de los bebés que nacen con trisomía 18 viven más allá de su primer año. Solo existía una mínima posibilidad de que mi bebé estuviera en ese porcentaje. Esas estadísticas no me trajeron la paz ni la certeza que buscaba.

¿Hay paz en una circunstancia desesperada? ¿La encontramos aferrándonos a la pequeña probabilidad de que las cosas salgan como queremos? ¿Podemos hallar paz leyendo un blog tras otro de historias esperanzadoras o escenarios posibles?

Nada de eso puede realmente traer paz al corazón y a la mente. Buscamos seguridad en muchas cosas: en internet, en nuestra cuenta bancaria, en los libros, en la salud, en nuestra pareja, en el trabajo, en nuestra autosuficiencia. La lista es larga. Pero esa larga lista nunca nos dará una seguridad verdadera y duradera. Tal vez nos haga sentir mejor por un tiempo, pero inevitablemente nos fallará y nos dejará insatisfechos.

El bulto en el muslo de mi hijo no resultó ser nada preocupante. Tener un desenlace positivo en esa situación no me dio una paz duradera sobre su salud. Hoy tiene doce años, y aún encuentro muchas cosas por las cuales preocuparme.

No encontré paz respecto al bebé en mi vientre hasta que lo presenté al Señor en oración. Mi esposo y yo compartimos el diagnóstico con nuestra iglesia, y ellos cubrieron a nuestro bebé y a nuestra familia en oración. Nuestro pequeño falleció antes de nacer, y recorrimos el camino de la angustia y la sanación. La certeza no la encontré en mis búsquedas por internet. La encontré en los lugares difíciles e inesperados por los que Dios nos llevó, mientras las promesas de su Palabra nos sostenían firmemente.

Ya fuera que las cosas salieran como yo esperaba, o que trajeran dolor y pérdida, mi paz verdadera y duradera no se halló en lo inmediato de este mundo.

Ojalá pudiera decir que con más tiempo y experiencia habría comprendido que internet no es el mejor lugar al cual acudir en busca de respuestas. Claro, es una herramienta; es útil poder buscar en Google una erupción cutánea y descubrir que fue causada por la hiedra venenosa que rozaste en una caminata. Con todo lo útil que puede ser, puede pasar rápidamente de una herramienta útil a convertirse en el lugar donde buscamos seguridad. La información que encontramos en *Google* puede ser útil, pero no puede ofrecernos certeza ni esperanza.

Siempre habrá algo dispuesto a robarnos la paz y la seguridad en este mundo deshecho. El mundo nos vende sus objetos brillantes como bálsamos para el alma, como soluciones rápidas a todos nuestros problemas. Nos seduce por un tiempo y luego nos deja igual de ansiosas que antes, ofreciéndonos algo más para «arreglar» lo que está mal.

Aunque hay muchas herramientas útiles en esta vida, si allí es donde busco mi paz, siempre terminaré vacía.

El único lugar donde encuentro una seguridad duradera es en Cristo. Él sabe que, apenas resolvemos una duda en Web-MD, aparecerá otro problema que nos atormentará. El Señor, en su gran cuidado por nosotras, sabe llegar a la raíz de nuestros problemas. Él sabe en qué necesita descansar nuestro corazón, y eso fue exactamente lo que hizo al enviarnos un Salvador. Tomó todo nuestro pecado en la cruz, llevó nuestras cargas en nuestro lugar y nos dio la promesa de la vida eterna con él. Nos dio una esperanza que perdura y una paz que nos invita a buscar esperanza más allá de nuestras circunstancias inmediatas.

Es allí donde encontramos nuestra verdadera paz y seguridad: en Cristo. Está arraigada en quién es él y lo que ha hecho por nosotros en la cruz, y no en nada que podamos encontrar o aportar por nuestra cuenta. Dios nos comunica su seguridad una y otra vez en las Escrituras, a través de la fidelidad y el amor de su carácter. Alabado sea Dios, que nos consuela cuando pasamos por luchas y que nos recuerda incansablemente a Cristo, nuestra roca, salvación y paz.

Señor,
Gracias por todos los recursos que nos has dado para cuidar nuestra salud. Desde internet, hasta los parientes políticos y

los médicos. Ayúdanos a reconocer cuándo estamos buscando esperanza en los lugares equivocados. Enfoca nuestra mirada en ti, mientras vivimos constantemente distraídas por la incesante información.

Para reflexionar:

¿A qué lugares recurres en busca de información que pueden haberse convertido también en lugares donde buscas esperanza y seguridad?

Señor, ten misericordia

Ten piedad de mí, oh Dios,
conforme a tu gran amor;
conforme a tu misericordia,
borra mis transgresiones.
Lávame de toda mi maldad
y límpiame de mi pecado.
Yo reconozco mis transgresiones;
siempre tengo presente mi pecado.
Contra ti he pecado, solo contra ti,
y he hecho lo que es malo ante tus ojos;
por eso, tu sentencia es justa
y tu juicio, irreprochable.
Yo sé que soy pecador de nacimiento;
pecador, desde que me concibió mi madre.
Yo sé que tú amas la verdad en lo íntimo;
en lo secreto me has enseñado sabiduría.
Purifícame con hisopo y quedaré limpio;
lávame y quedaré más blanco que la nieve.
Anúnciame gozo y alegría;

infunde gozo en estos huesos que has quebrantado.
Aparta tu rostro de mis pecados
y borra toda mi maldad.
Crea en mí, oh Dios, un corazón limpio
y renueva un espíritu firme dentro de mí.
No me alejes de tu presencia
ni me quites tu Santo Espíritu.
Devuélveme la alegría de tu salvación;
que un espíritu de obediencia me sostenga.
Así enseñaré a los transgresores tus caminos,
y los pecadores se volverán a ti.
Dios mío, Dios de mi salvación,
líbrame de derramar sangre
y mi lengua alabará tu justicia.
Abre, Señor, mis labios
y mi boca proclamará tu alabanza.
Tú no te deleitas en los sacrificios
ni te complacen los holocaustos;
de lo contrario, te los ofrecería.
El sacrificio que te agrada
es un espíritu quebrantado;
tú, oh Dios, no desprecias
al corazón quebrantado y arrepentido.

SALMOS 51:1-17

UNA BRISA DEL MAR REMECIÓ SUS SENTIDOS y le recordó que fuera agradecida. Empujar un cochecito de trote por el entarimado no era la experiencia matutina de todo el mundo. Ella podía disfrutar del aire libre y quedarse en casa con su bebé recién nacido. Debía sentirse llena de alegría.

Sin embargo, la soledad y la tristeza se filtraban en sus días. Se había mudado lejos de su comunidad unida a mitad del embarazo. Ahora necesitaba amigas.

Un hombre sin hogar se acercó con paso ansioso, una barba goteando y una leve cojera. Ella sabía que no debía mirarlo a los ojos, pero ¿a dónde debía mirar? Si hubiera habido una amiga caminando con ella, podría simplemente intensificar la conversación para evitar esa situación incómoda que se acercaba. Sintió cómo la culpa y el pánico crecían dentro de ella. ¿Era en verdad tan mala persona? Él estaba tan solo como ella.

Con el paso de los años, se fue acostumbrando a estar sola y a resolver las cosas por su cuenta. Era una luchadora adaptable y había encontrado la mejor manera de criar a sus hijos. Lo había hecho todo sola.

Para cuando su primer bebé cumplió seis años, ya era una experta local. Las madres primerizas acudían a ella en busca de sabiduría. Ella imponía las leyes de la maternidad que había aprendido por experiencia. Usaba esa sabiduría para enseñar, corregir, disciplinar y avergonzar a las madres más jóvenes que todavía tenían tanto por aprender. Pero incluso rodeada de madres que buscaban su orientación, seguía sintiéndose sola.

Con el tiempo, su reputación de experta se desvaneció, y su necesidad de misericordia salió a la luz. ¿Dónde estaban sus «amigas» en medio de su necesidad? ¿Dónde estaban cuando ya no era la madre perfecta? ¿Cuando los consejos que daba fallaban en su propio hogar? ¿Cuando sus caminos terminaron en desilusión? ¿A quién podía confesarle honestamente sus fracasos? ¿Qué pensarían de ella al ver que su vida no mejoraba?

¿Cómo podía esperar misericordia si toda su relación con ellas se sostenía en cumplir las reglas y seguir las leyes no escritas de la maternidad? Había juzgado durante tanto tiempo que se le había olvidado cómo se sentía la necesidad, el miedo de no saber, y reconocer su necesidad de misericordia.

La maternidad presenta desafíos enormes. Algunas lo descubrimos desde el principio; otras enfrentamos la decepción más adelante. Cada etapa de la crianza es distinta. Cada etapa trae consigo nuevos fracasos.

Ser el retrato de la perfección vocacional es una forma de vida insostenible. Todas necesitamos reconocer nuestras fortalezas, debilidades, aciertos y errores. Todas necesitamos misericordia. Todas necesitamos comunidad.

Las conexiones se forman y crecen entre personas que reconocen su pecado y sus fracasos, que comprenden la dificultad de hacer lo correcto y que sufren juntas. La misericordia de Dios se manifiesta y se experimenta cuando nos mostramos misericordia unas a otras, cuando admitimos nuestras humillantes debilidades en lugar de ofrecer siempre consejos o soluciones rápidas.

Cuando admitimos delante de Dios y entre nosotras nuestras fallas, nuestro pecado y nuestra necesidad de un Salvador, nuestras relaciones se fortalecen. Las relaciones que se arraigan en la justicia de Cristo —y no en nuestras buenas obras o en la mentira de la perfección— permanecen firmes y se convierten en lugares de paz y consuelo. Estas relaciones producen honestidad, y el perdón abunda. Todas llegamos a momentos en los que no necesitamos un buen consejo ni una justificación de por qué nuestros mejores planes no salieron bien. Lo que necesitamos es perdón. Necesitamos que otra boca nos anuncie el perdón que tenemos por la obra de Cristo.

Los consejos compartidos entre madres son un tesoro. Sin embargo, las instrucciones del mundo no pueden eliminar nuestro pecado. Las madres necesitan amigas que también reconozcan sus errores, que lloren juntas y en quienes puedan confiar sus preguntas más profundas y sus confesiones más sinceras.

Las amistades donde hay confesión y perdón compartidos siempre tienen algo que ofrecer. Podemos ofrecer una sonrisa sincera, palabras de perdón y una amistad que abrace el sufrimiento, el fracaso y la esperanza. Esto, la misericordia de Dios, es el mayor regalo para una madre.

Padre celestial,

Oramos para que se haga tu voluntad, para que tu misericordia reine entre nosotras. Consuela a las madres solas, desilusionadas y cansadas con el perdón de tu Hijo. Provee amistades que nos conecten unas con otras a través de la confesión y que proclamen continuamente tu amor inagotable.

Amén.

Para reflexionar:

¿Cómo puedes mostrar misericordia a una madre que ves en dificultades?

KATIE KOPLIN

Proposiciones condicionales

En otro tiempo ustedes, por sus actitudes y malas acciones, estaban alejados de Dios y eran sus enemigos. Pero ahora Dios, a fin de presentarlos santos, intachables e irreprensibles delante de él, los ha reconciliado en el cuerpo mortal de Cristo mediante su muerte, con tal de que se mantengan firmes en la fe, bien cimentados y estables, sin abandonar la esperanza que ofrece el evangelio. Este es el evangelio que ustedes oyeron y que ha sido proclamado en toda la creación debajo del cielo y del que yo, Pablo, he llegado a ser servidor. Ahora me alegro en medio de mis sufrimientos por ustedes y voy completando en mí mismo lo que falta de las aflicciones de Cristo, en favor de su cuerpo, que es la iglesia. De esta llegué a ser servidor según el plan que Dios me encomendó para ustedes: el dar cumplimiento a la palabra de Dios, anunciando el misterio que se ha mantenido oculto por siglos y generaciones, pero que ahora se

ha manifestado a su pueblo santo. A estos Dios se
propuso dar a conocer cuál es la gloriosa riqueza
de este misterio entre las naciones, que es Cristo en
ustedes, la esperanza de gloria.
A este Cristo proclamamos, aconsejando y
enseñando con toda sabiduría a todas las personas,
para presentarlas completamente maduras en
su unión con Cristo. Con este fin trabajo y lucho
fortalecido por el poder de Cristo que obra en mí.

COLOSENSES 1:21-29

IR A LA IGLESIA LOS DOMINGOS POR LA MAÑANA puede ser un trabajo. Más bien, ir a la iglesia *es* un trabajo.

Cuando teníamos cuatro hijos menores de seis años, me preguntaba por qué iba a la iglesia. No escuchaba casi nada del sermón mientras intentaba criar con discreción desde el asiento. Apenas podía cantar u orar, siempre vigilando que ninguno se escapara.

Sudando por el esfuerzo de balancear y sostener a un bebé en la última fila, me preguntaba: «¿Para qué vine?». Mis respuestas eran variadas y mucho menos «piadosas» de lo que uno imaginaría. Iba para ver, oír y hablar con otros adultos. El domingo era el día en que tenía una razón para ponerme ropa de verdad. Salir al pueblo significaba quizás evitar cocinar o lavar platos.

Así fue durante bastante tiempo, hasta que de repente pude salir de casa con regularidad… ¡con ropa de verdad! Pero esa facilidad para salir fue reemplazada por la sensación de que *siempre* estábamos saliendo. Hemos llegado a una etapa en la que solo quiero estar en casa. Quiero volver a poner todo en orden en vez de solo dejar cosas por ahí y salir corriendo al próximo evento del calendario… o directo a la cama.

Las razones para la lucha del domingo por la mañana son muchas. Pero sin importar las circunstancias, he notado algo más que hace que ir a la iglesia sea difícil. A lo largo de la maternidad he sentido una presión de estar en la iglesia inducida por el miedo.

Es la presión de estar allí para que mis hijos no se conviertan en asesinos con hacha. La presión de estar allí para no hacer ninguna tontería. La presión de estar allí para que parezcamos una «buena» familia. La presión de estar allí por si otra pareja joven con hijos llega a la iglesia y lo único que ve es un mar de cabellos blancos y cabezas calvas.

Estas afirmaciones falsas o promesas engañosas crean una disonancia en mi vida que transforma la experiencia de ir a la iglesia en una carga, en lugar del regalo que realmente es.

Las aseveraciones del tipo «si X, entonces Y» que rondan en mi cabeza nos roban los dones gratuitos que recibimos en la iglesia. Todo eso se fundía en el sentimiento de que, si los Koplin no asistíamos a la iglesia, nuestras vidas —y las vidas de quienes nos rodeaban— colapsarían.

Una mañana de domingo, me encontraba dividida entre participar del servicio y atender a nuestro hijo menor. Justo coincidió con el momento del Credo de los Apóstoles. Mientras la congregación lo recitaba, yo respondía por enésima vez la pregunta de qué íbamos a hacer y qué íbamos a comer después del culto. Entonces noté que, mientras yo recitaba el menú del almuerzo, la recitación del credo no se detenía.

Me senté y escuché, y el credo seguía.

Las palabras que resumen lo que Cristo ha hecho en mi favor seguían fluyendo. Las palabras de la fidelidad de Cristo permanecían firmes y verdaderas mientras yo ejercía la maternidad desde la banca. Las palabras sobre lo que Cristo ha hecho y hará por mí seguían entrando en mis oídos. Me conmovió profundamente la libertad que tengo y lo que significa estar sentada en esas bancas para mí, para mi esposo y para nuestros hijos.

La presión por estar en la iglesia no es lo que nos sostendrá allí, ni tampoco en la fe. Lo que sí lo hará es la libertad que vivimos gracias a la obra de Cristo y su perdón fiel y constante.

Asistir a la iglesia cada domingo no significa que mis hijos se comportarán bien, que no tendrán dudas, que daremos una buena impresión o que nuestra iglesia crecerá. Ir a la iglesia es para nosotros. Es donde el mensaje del perdón llega a nuestros oídos. En las semanas en que he sido una madre sin fe, mis hijos escuchan que son perdonados. En las semanas en que dudo, yo escucho que él me sostiene con fidelidad. En las semanas en que no estamos presentes, descansamos en la verdad de la presencia interminable de la iglesia. Si nuestras puertas se cierran, la iglesia permanece.

No nos levantamos los domingos por la mañana para cumplir con ninguna aseveración condicional. Nos sentamos en las bancas para ser recordados de los dones gratuitos de Dios, y para recibir el perdón que se encuentra en esos dones.

Señor,

Haz que recordemos tus promesas el domingo y cada día de la semana. Ayúdanos a identificar la falsa esperanza que depositamos en nosotros mismos y a mirar hacia la gloriosa esperanza que tenemos en ti.

Amén.

Para reflexionar:

¿Qué declaraciones del tipo «si X, entonces Y» te acechan los domingos por la mañana, robándote las alegrías que se encuentran en la iglesia?

SARAH CROWDER

Riesgo de muerte

Todo el que beba de esta agua volverá a tener sed
—respondió Jesús—, pero el que beba del agua que
yo le daré no volverá a tener sed jamás, sino que
dentro de él esa agua se convertirá en un manantial
del que brotará vida eterna.

JUAN 4:13-14

EL 2 DE ABRIL DE 2012, nuestra familia recibió una noticia que cambiaría nuestra vida. Nuestra hija de ocho años fue diagnosticada de diabetes tipo 1. Me quedé en shock, porque no entendía cómo funcionaba la diabetes, y en particular la de tipo 1. Pensaba que uno «contraía» diabetes por comer galletas, donuts y tomar gaseosa. Suponía que nuestra hija activa de tan solo ocho años estaba a salvo de semejante diagnóstico. Ese diagnóstico nos obligó a aprender a identificar las señales de esta enfermedad autoinmune.

Aprender los signos de la diabetes tipo 1 fue solo el comienzo. Recibimos una educación completa. Aprendimos a contar carbohidratos y a aplicar inyecciones. Aprendimos a tratar una hipoglucemia con quince gramos de jugo y a esperar quince

angustiosos minutos. Aprendimos los efectos de la hipergluce-
mia. Aprendimos cuánto cuestan los insumos médicos. Aprendimos cuán increíble es nuestra hija, que mantenía una actitud alegre a pesar de los desafíos que enfrentaba. Aprendimos
a equilibrar las alzas y las bajas, e hicimos todo lo posible por
darle una infancia normal. Todo ese aprendizaje fue agotador.

La lección más difícil de aceptar fue lo grave que puede ser
un coma diabético y la amenaza constante de muerte. Una lección difícil, pero necesaria. Mira, cuando se trata de diabetes,
hay que tener cuidado. Si comienzas a pensar que ya lo tienes
todo bajo control, la diabetes aparece de la nada y te derriba.

La Asociación Americana de la Diabetes lo explica así en su
sitio web: «La cetoacidosis diabética (CAD) es potencialmente
mortal; aprenda a reconocer las señales de advertencia para estar
preparado ante cualquier situación».[1]

Afortunadamente, mi hija solo experimentó una CAD al
momento del diagnóstico, en el hospital. Sin embargo, la amenaza de que vuelva a suceder ha establecido una residencia permanente en el fondo de mi mente. Para evitar la CAD, tenemos
que estar siempre atentos a las alzas y las bajas de la diabetes
tipo 1, y mantener constante ese delicado equilibrio.

El 23 de agosto de 2022, recibimos la misma noticia una
vez más. Nuestro hijo de quince años fue diagnosticado con
diabetes tipo 1. Fue un golpe devastador, pero tras diez años de
experiencia, estábamos mucho más preparados para cuidarlo.
Su hermana, que ahora tiene dieciocho años, y toda nuestra
vivencia previa, han sido una gran fuente de ayuda y consuelo
para él.

Estuvo hospitalizado, y nosotros estábamos ansiosos por
sacarlo del hospital para poder manejar su cuidado en la como-
didad de nuestro hogar. Pero también sabíamos que la CAD es
mortal. Teníamos que asegurarnos de que su cuerpo estuviera
listo para dejar el suero. Repasamos toda la información y segui-

---

1. American Diabetes Association, "Diabetes & DKA (Ketoacidosis)," última modifi-
cación: 31 de enero de 2020, https://www.diabetes.org/about-diabetes/complications/
ketoacidosis-dka.

mos el consejo de la educadora de escuchar todo de nuevo, con una mente fresca. Me alegra haberlo hecho, porque dijo algo que me estremeció hasta lo más profundo. Nos explicó que este diagnóstico de diabetes tipo 1 significaba que la configuración predeterminada del cuerpo de nuestro hijo es la CAD. La configuración predeterminada de su cuerpo es la muerte. Cada día, nuestra tarea es evitar que caiga en CAD; evitar que muera.

Me di cuenta de inmediato, al escucharla, que era verdad. Durante los últimos diez años, he llevado en mi mente una imagen de la diabetes tipo 1 como un acto de equilibrio. Intentábamos mantener a mi hija «dentro del rango» ajustando la insulina o el azúcar según sus necesidades. Esta nueva perspectiva era dura y real.

Ese día, en esa oficina, nos enfrentamos cara a cara con la realidad del pecado, la ley y la muerte. La realidad que todos nosotros enfrentamos cada día debido a nuestra condición de pecado. Nos engañamos pensando que la vida es un acto de equilibrio, como si se tratara de hacer más cosas buenas que malas. Pero cuando miramos la ley de Dios, vemos la verdad: estamos completamente muertos en nuestros pecados. Nuestra vida diaria no se trata de equilibrar lo bueno y lo malo. Se trata de sobrevivir a la muerte.

A menudo vivimos como si la muerte no fuera real.

Pero en realidad, ya hemos pasado por la muerte con Cristo en nuestro bautismo.

Podemos enfrentar la realidad de la muerte porque tenemos el agua viva; hemos pasado por la muerte gracias a la obra de Cristo. Tenemos esperanza.

Cuando inevitablemente enfrentamos temores y pruebas en la crianza de nuestros hijos, sabemos que Jesús camina con nosotros a través del dolor y estará con nosotros hasta el final. Él ha pasado por la muerte y la resurrección. Nuestra confianza no está en nosotras mismas ni en nuestra capacidad de equilibrar lo bueno y lo malo. La muerte es demasiado fuerte para ser vencida por un acto de equilibrio. Nuestra confianza está en Cristo. Nuestra confianza está en su victoria sobre la muerte.

Señor Jesús,

Cuando nos enfrentemos al pecado, la muerte y la tragedia, haz que siempre recordemos que nuestra esperanza está en ti.

Amén.

Para reflexionar:

¿En qué momento Cristo ha saciado tu sed con su agua viva?

M E L I N A   S M I T H

Todo va a estar bien

La paz les dejo; mi paz les doy. Yo no se la doy a
ustedes como la da el mundo. No se angustien ni
se acobarden.

JUAN 14:27

Mi hija Sophia es la primogénita perfecta. Es atenta, procura hacer lo correcto y «mantiene la compostura» ante el mundo exterior. La gente siempre me dice: «Es la mejor; ojalá yo fuera Sophia». Todo eso es cierto: es encantadora, considerada y una compañera de viaje maravillosa porque su curiosidad es perfecta. Pero, como todos los seres humanos, está llena de emociones intensas… emociones que no siempre puede controlar.

Cuando Sophia era una niña pequeña, se despertaba de sus siestas con llanto incontrolable. Mi esposo y yo bromeábamos con que no debíamos dejarla tomar siestas, porque se despertaba con una avalancha de sentimientos.

En esos momentos, yo la abrazaba con fuerza hasta que volvía a sentirse segura. A medida que creció, esas emociones intensas la siguieron. Estaban relacionadas con el sueño, con la inseguridad y con la incertidumbre de lo que podía suceder durante la noche. Todo eso se conectaba con su emoción más grande: el miedo a perder el control.

Mi esposo y yo intentamos todo tipo de rituales para ayudarla a sentirse segura: nada de pantallas antes de dormir, difusores de eucalipto, música, oración y lectura. Pero incluso con todas esas herramientas, ella seguía sintiéndose sola y asustada. En esas noches, yo me metía en la cama con Sophia, oraba con ella y esperaba a que cayera en un sueño profundo antes de escabullirme silenciosamente.

El miedo y la ansiedad pueden tomar muchas formas. Pueden verse como rabietas, impulsividad o aislamiento. Suelen aparecer en los momentos más inoportunos. Lo que provoca estas reacciones en nuestros hijos puede parecernos pequeño, pero para ellos, es enorme.

Nosotras olvidamos que tenemos a disposición mecanismos para sobrellevar estas emociones, pero nuestros hijos no. Gran parte de su día está fuera de su control, lo cual muchas veces viene acompañado de una ola de sentimientos que pueden desbordarlos. Y esos momentos pueden ser abrumadores para nosotras, madres imperfectas criando hijos igualmente imperfectos.

¿Alguna vez has sentido cómo tu ritmo cardíaco y tus emociones se elevan al mismo nivel que los de tu hijo? ¿O has dicho algo como: «Simplemente acuéstate, ¡no hay NADA de qué tener miedo!»?

A fin de cuentas, todos estamos pataleando y luchando contra un mundo que sentimos que no podemos controlar; solo que usamos máscaras distintas. Nuestros hijos nos enseñan y nos recuerdan que los seres humanos necesitamos un milagro para calmar el alma.

Necesitamos ser alcanzadas por palabras de esperanza de parte de aquel que nos conoce. Necesitamos recordar que «la ayuda está en camino». Podemos bajar nuestras armas y susurrar a nuestros hijos: «El Príncipe de Paz ha venido; todo va a estar bien».

Querido Jesús,

Inúndame con tu paz en los momentos de miedo, ira y ansiedad. Recuérdale a mi corazón que estás cerca.

Amén.

Para reflexionar:

¿Cuándo surgen emociones intensas en mi vida?

¿Qué hay en la raíz de esas emociones?

Tómate un momento para recordar que, como cristianas, podemos decir: «Todo va a estar bien». No lo decimos porque lo tengamos todo bajo control, sino gracias a la obra de Cristo.

HEIDI GOEHMANN

Seguridad espiritual

Pero ahora en Cristo Jesús, a ustedes que antes
estaban lejos, Dios los ha acercado mediante la
sangre de Cristo.

EFESIOS 2:13

Los veranos en mi familia siempre estuvieron marcados por
momentos y espacios para el aburrimiento, demasiada televi-
sión y sol, cenas tardías y visitas a casa del abuelo. El abuelo
y su novia, Vi, vivían en una casita blanca en la esquina. Su
hogar quedaba a solo una cuadra de la fábrica donde trabajaba mi papá. El abuelo tenía un huerto del tamaño de la casa
y un frasco lleno de centavos para jugar *gin rummy*. Todavía
no entiendo cómo apostábamos esos centavos en un juego tan
inocente como el *gin rummy*, pero lo hacíamos. En la mayoría
de las visitas, jugábamos con el programa *La rueda de la fortuna*
sonando de fondo.

Los miércoles de cada verano, Vi me llevaba con ella a acol-
char con las mujeres de la iglesia. Vi preparaba un almuerzo para
cada una en bolsas de papel kraft, con nuestros nombres escritos
con marcador permanente. Yo llevaba un libro de la bibliote-

ca local, de lomo grueso y con suficientes capítulos como para durar un par de días, porque el verano también era para leer. Observaba a las mujeres mientras cosían puntadas pequeñas y ordenadas en el diseño extendido, hasta que se convertía en una obra de arte con color y calidez, esperando ser compartida con su dueño. Había chismes simples y opiniones. Se escuchaban chasquidos de lengua y profundos «hmmm» de mujeres que habían vivido con trauma, resiliencia y amor.

Un día, mientras acolchaban, una de las señoras me preguntó si quería intentar hacer unas puntadas. A mis ocho años, sin duda le lancé una mirada de desconfianza. Cuando me pasó la aguja, sentí que todas las miradas estaban sobre mí, esperando que fallara, que me equivocara, que no pudiera hacerlo.

El cuerpo y el corazón de la humanidad, en un mundo caído, tienden a la exclusión, al temor de ser expulsados, al juicio que nos dice que no somos suficientes. Los niños, cuando intentan tareas de adultos por primera vez, al interactuar con el arte, la ciencia o ideas complejas, son especialmente sensibles a este tipo de juicio.

Afortunadamente, las dulces almas de los niños todavía no han sido azotadas por las olas de la ruin aspereza de la vida como para desarrollar una piel endurecida. Antes bien, cuando esa anónima tía cosedora me entregó una aguja, dispuesta a apostar por la curiosidad de una niña de ocho años, el juicio del mundo deshecho se desvaneció, y la misericordia de Dios me envolvió de una manera inesperada. En ese recuerdo, lo que permanece es la inclusión, la calidez y la bienvenida que, para mí, tradujeron lo que el bautismo ya me había otorgado mucho antes de ese día. Yo era parte de la comunidad de Dios. Era hija de Dios, y por tanto, perdonada, redimida, ya no separada, ya no lejos, sino cerca.

«Ya no alejados» es lenguaje bíblico para lo que yo llamo seguridad espiritual. Efesios 2:13 proclama: «Pero ahora en Cristo Jesús, a ustedes que antes estaban lejos, Dios los ha acercado mediante la sangre de Cristo».

Isaías 46:12-13 lo aclara:

Escúchenme ustedes, gente de corazón duro,
que están lejos de la justicia.
Mi justicia no está lejana;
mi salvación ya no tarda.
¡Estoy por traerlas!
Concederé salvación a Sion
y mi esplendor a Israel.

La seguridad espiritual se encuentra en nuestro vínculo con
Dios y con el pueblo de Dios. Ese vínculo tiene su origen en
el mismo Dios. Desde la creación de la humanidad, Dios ha
extendido su mano hacia nosotros. Dios se une a nosotros y nos
concede el don de unirnos a él, de conectarnos con él en una
relación significativa que es tanto única como compartida entre
los creyentes. Nuestra relación con Dios en Cristo Jesús existe
sin lugar a dudas. Somos justos y estamos conectados con Dios
porque Jesús es justo y nos conecta con él. Hay un profundo
sentido de seguridad que proviene de una relación que existe
independientemente de lo que hagamos, digamos u ofrezcamos.
Podemos señalar la seguridad de esta relación de una forma física y evidente a través de nuestro bautismo. Misteriosamente,
fuimos creados para recibir ese sentido de seguridad fuertemen-
te en las relaciones que tenemos con quienes nos cuidan.

Ojalá fuera distinto, y que nuestro sentido de seguridad
espiritual dependiera solo de Cristo. Si bien nuestra salvación
depende únicamente de Cristo, nuestro sentido de seguridad,
sin embargo, está íntimamente ligado tanto a nuestras relaciones humanas más profundas como a Cristo Jesús. No creo
que esta realidad haya surgido solo a raíz de la caída en pecado.
Nuestros vínculos están destinados a verse afectados y entrela-
zados de formas extrañas, maravillosas y misteriosas. El apóstol
Pablo escribe en Efesios 5:32 acerca de cómo las relaciones, el
matrimonio y la familia están conectados con Cristo y su Cuerpo, y cómo esa conexión es un misterio profundo.

¿Cómo funciona esto en la práctica? La Biblia nos enseña
que Jesús es un Salvador personal y poderoso. Sin embargo, si

mis relaciones más profundas me hacen sentir (a propósito o sin querer) que solo soy querida de ciertas maneras o en ciertos contextos, que mi valor se limita a mis habilidades o inteligencia, entonces me será difícil percibir también la verdad del vínculo de Dios conmigo en Cristo. Si mis relaciones humanas solo me señalan mis fallas y mis errores, sin el equilibrio de la gracia y la misericordia de Dios disponibles para mí, mi perspectiva de Dios y de su profundo deseo por mí puede sentirse distante e inalcanzable.

En casa del abuelo, y a través de un callado círculo de mujeres que sabían usar bien una aguja, la cercanía de Dios y su mensaje de «no estás lejos» o «no estás olvidada» se hicieron reales para mí, fortaleciendo el lazo que Dios había creado entre él y yo. El sentido de valor y pertenencia que experimenté con el abuelo y Vi, junto a su fe constante en Cristo, fortalecieron el cordón del bautismo entre Dios y yo, añadiéndole hilos de fuerza a través de mis padres, quienes no solo me enseñaron a Cristo, sino que también me ofrecieron, aunque imperfectamente, la ley y el evangelio, tanto cuando era bebé como cuando fui adolescente, y aún hoy. Ese lazo es una cuerda resistente, que se ha fortalecido también en mi relación con mi esposo Dave, con mis propios hijos y hasta con algunas amistades muy especiales.

Hace mucho que dejé de acompañar a Vi a coser colchas. Mi abuelo fue recibido en los brazos de Jesús cuando yo estaba en octavo grado. Pero el tiempo no ha podido debilitar la fuerza de seguridad que ellos formaron al incluirme en el trabajo cotidiano de revolver sopa casera y coser amor con una aguja. Desde la infancia hasta la maternidad, y hasta la abuelidad, estamos unidas unas a otras y a nuestro Señor Jesucristo en el milagro de lo cotidiano, todos los días.

Señor,

Gracias por poner en nuestras vidas personas que nos brindan un sentido de pertenencia. Permítenos ser eso para nuestros hijos, y pon otras personas en sus vidas que les brinden seguridad, protección y amor. Y haznos a nosotras también un lugar de seguridad, protección y amor para los demás.

Amén.

Para reflexionar:
¿Quién ha sido una persona que te brindó seguridad?
¿De qué maneras concretas te dio ese sentido de protección, seguridad y amor?

CINDY KOCH

Los bebés rebotan

Dios el Señor dijo entonces a la serpiente:
«Por causa de lo que has hecho,
¡maldita serás entre todos los animales,
tanto domésticos como salvajes!
Te arrastrarás sobre tu vientre
y comerás polvo todos los días de tu vida.
Pondré enemistad entre tú y la mujer,
y entre tu simiente y la de ella;
su simiente te aplastará la cabeza,
pero tú le herirás el talón».
A la mujer dijo:
«Multiplicaré tu sufrimiento en el parto
y darás a luz a tus hijos con dolor.
Desearás a tu marido,
y él te dominará».

GÉNESIS 3:14-16

FUE LA GOTA QUE COLMÓ EL VASO. Ella no tenía, ni podía formar, las palabras para describir todo lo que sentía. Estaba demasiado cansada. Cada hueso de su cuerpo dolía, no por dolor físi-

co, sino por un agotamiento sordo. Ese cansancio nublaba todo su mundo. El café no ayudaba; las pequeñas siestas de «duerme cuando el bebé duerme» no ofrecían alivio. Si acaso, la hacían sentirse peor, llena de culpa, rabia y frustración.

¿Qué clase de vida zombi era esta que llevaba? Apenas lograba pasar la mañana, sobrevivía la tarde y resistía hasta la noche. La hora de dormir parecía no llegar nunca. No era la maternidad plena que había soñado. No le quedaba energía para dedicarse a criar una familia o para crear un hogar acogedor. Simplemente estaba sobreviviendo.

Unos gritos entrecortados desde el otro cuarto la sacaron de su ensimismamiento. Mecánicamente, se despegó del sofá y caminó hasta la habitación del bebé con los ojos apenas entreabiertos. No necesitaba ver el pasillo que ya conocía tan bien; la memoria muscular guiaba sus pasos. Culpa, enojo y muchas otras emociones se acumulaban detrás de sus párpados cansados, pero estaba demasiado agotada para sentirlo todo.

Los pulmones del bebé atravesaron el zumbido de la máquina de sonido. Se sentía pesado cuando lo levantó en brazos. Aspiró su aroma suave, ese olor de bebé que le recordaba la belleza de la maternidad. Lo sostuvo cerca mientras sentía cómo su cuerpecito se llenaba de una rigidez rebelde. Su cuerpecito se apretaba con fuerza contra el de ella. Mientras ella le susurraba palabras de consuelo, oyó un golpe seco y los gritos desgarradores de su hijo. De repente, sus brazos estaban vacíos. ¿Qué había pasado? Cuando finalmente se dio cuenta de que su bebé se le había caído de entre los brazos, estaba tan oscuro que no podía ver dónde había caído. Extendió las manos desesperadamente, tanteando en la oscuridad, tratando de alcanzarlo.

¿Qué había hecho? El terror de ser considerada una madre descuidada le oprimió el corazón. De inmediato, empezó a recriminarse y a preguntarse si había alguna esperanza para una madre como ella.

¿Qué estaba pensando? ¿Qué podía superar la maldición que la había atado desde el principio de los tiempos? Pronto descubrió que el dolor del parto no termina después del nacimiento.

Este sería un camino de dolor para toda la vida. A medida que su hijo creciera, vendrían más dolores. Se alejaría de ella. Se convertiría en su propio hombre, dejándola atrás. Lucharía contra ella, tal como se describió en el jardín.

> A la mujer dijo: «Multiplicaré tu sufrimiento en el parto
> y darás a luz a tus hijos con dolor. Desearás a tu marido,
> y él te dominará» (Gn 3:16).

Es un dolor para el que ninguna madre está realmente preparada, pero es lo que toda madre aprenderá: el dolor del parto persiste a lo largo de la vida. Las consecuencias del pecado —una relación quebrada con el Creador— también ocasionan una relación rota con los seres humanos más cercanos a ella: aquellos a quienes está destinada a amar, sus propios hijos.

Pero esta no es la última palabra. Las palabras de una madre mayor, más sabia y con más experiencia, resonaron en su mente: «Los bebés rebotan», solía decir. Su pediatra le había dicho ese consejo años atrás, cuando ella enumeraba todas sus preocupaciones como madre primeriza. «Los bebés rebotan», le dijo. Están hechos para sobrevivir. Estarán bien, aunque tengan que llorar unos minutos y aprender a calmarse solos. En nuestra cultura de seguridad extrema y precaución, esto puede sonar como una manera temeraria de criar. Especialmente para una que quiere ser una buena madre.

Este mundo está lleno de personas egoístas, negligentes, deshechas, tristes y heridas. Está hecho de personas que no tienen futuro y de personas que no pueden soltar el pasado. Este mundo está lleno de personas que han sido destruidas por la maldición. Incluso los niños enfrentan una realidad triste y ruin. Nadie está exento de las consecuencias ni del poder esclavizante de un mundo maldito.

La belleza de la Palabra de Dios es que pone todo al descubierto. Expone lo que está mal con el mundo y también cómo es restaurado. La Palabra de Dios está de acuerdo: los bebés rebotan. Dios es más grande que cualquier situación, tristeza o dolor

que este mundo pueda generar. De hecho, Dios nos advierte
que los hijos nos traerán dolor, todos los hijos. Como cristianas
que creemos que nuestro Salvador ha venido y ha solucionado
el desastre de la maldición, vivimos con esperanza. Creemos y
podemos decirles a los que nos rodean: los bebés rebotan. Los
bebés rebotan, incluso si llegan a quebrarse durante esta corta
vida. Hay una historia más grande que ya ha prometido restau-
rar por completo a las criaturas de Dios. Su Palabra nos da su
perspectiva eterna de la historia, que es una recreación de nuestra realidad distorsionada.

Hay una sola respuesta para todo lo que aflige a nuestro
mundo: para nosotras mismas y para nuestros hijos. Es nuestro
Salvador quien viene desde fuera de nuestras situaciones caóti-
cas. No hay nada que cualquiera de nosotras pueda hacer para
deshacer las maldiciones que experimentamos como madres.
Lucharemos por encontrar propósito, lamentaremos cuando
nuestros hijos se desvíen y sufriremos a medida que se alejen
más y más… pero no sin esperanza.

Como dijo aquel pediatra de mediana edad: los bebés rebotan. Estarán bien si lloran un minuto más. Estará bien si ese
hijo crece y resulta ser un pecador. Serán restaurados, cuerpo y
alma, incluso si su madre los deja caer por accidente. Esta realidad temporal no es el final de la historia. Hay una historia y un
tiempo mayores que perdurarán, gracias al sacrificio de Cristo
que restauró el mundo entero.

Como los bebés rebotan, no estarán rotos para siempre, porque fueron creados y son sostenidos por la mano de Dios. Esta
renovada comprensión de los niños y el mundo ofrece consuelo a la madre preocupada. Porque no importa lo que haga, al
final todo estará bien. Ella estará bien. Él estará bien. Calma sus
temores; silencia los gritos. Todo estará bien. Para los dos.

Los gritos serán calmados, los temores serán silenciados y
todo estará bien, tanto para el bebé como para la madre, gracias
al hecho de que los bebés rebotan y a la obra de Cristo.

Padre celestial,

Gracias por crear bebés que rebotan. Ayúdanos a ver con claridad el mundo deshecho en que vivimos, y al mismo tiempo permite que nuestros corazones y mentes conozcan la esperanza que tenemos en ti, como creador de los bebés que rebotan, sustentador de la vida y preservador de nuestra relación contigo.

Amén.

Para reflexionar:

Todas tenemos momentos en los que nos hemos preguntado: «¿Se recuperará de mis malas decisiones?». Piensa en esos momentos, pide perdón si es necesario, y escribe cómo Dios ha usado esas experiencias cuando los bebés rebotan.

KATIE KOPLIN

Lucha

Entonces un hombre luchó con él hasta el
amanecer. Cuando este se dio cuenta de que no
podía vencer a Jacob, lo tocó en la coyuntura de
la cadera y esta se le dislocó mientras luchaban.
Entonces dijo:
—¡Suéltame, que ya está por amanecer!
—¡No te soltaré hasta que me bendigas! —
respondió Jacob.
—¿Cómo te llamas? —le preguntó el hombre.
—Me llamo Jacob —respondió.
Entonces le dijo:
—Ya no te llamarás Jacob, sino Israel, porque
has luchado con Dios y con los hombres y has
vencido.
—Y tú, ¿cómo te llamas? —preguntó Jacob.
Él respondió:
—¿Por qué preguntas cómo me llamo?
Y en ese mismo lugar lo bendijo. Jacob llamó a ese
lugar Peniel, porque dijo: «He visto a Dios cara a
cara y todavía sigo con vida».
Cruzaba Jacob por el lugar llamado Peniel, cuando

> salió el sol. A causa de su cadera dislocada
> iba cojeando.

GÉNESIS 32:24-31

NUNCA IMAGINÉ QUE MIS HIJOS usarían tanta licra. Tenemos tres hijos, y todos practican lucha libre. Mi esposo fue luchador. A él y a los chicos les encanta, y yo también he llegado a amar este deporte. Aunque lo amamos, a veces me cuesta verlo. Me gusta el deporte, pero me asusta lo que puede pasar en el próximo combate. Sus cuerpos adoptan posiciones extrañas. Sus rostros se enrojecen por el esfuerzo. Muchas veces se bajan del tapiz con lágrimas corriendo por sus mejillas. Aunque es difícil de ver, he podido ver el fruto de que enfrenten estas situaciones difíciles.

Como madres, ¿cuántas veces pensamos en las luchas que enfrentarán nuestros hijos?

Los vemos crecer y aprender, y nos preguntamos qué oficio tendrán algún día. Con la vista puesta en el futuro, me pregunto dónde vivirán, ¿lejos o cerca? ¿Será difícil para ellos conseguir un hogar? Me pregunto si se casarán y con quién. ¿Qué luchas enfrentarán al buscar una pareja y, si se casan, dentro de su matrimonio? Aunque me detengo en los detalles, lo que más me inquieta son todas las incógnitas. Me angustia todo aquello con lo que tendrán que luchar en la vida, y cuestiono mis decisiones actuales como madre.

Me pregunto si he hecho lo suficiente y si estoy haciendo lo bueno y correcto para prepararlos para todo lo que les espera en el camino. Habrá situaciones difíciles que ellos mismos provocarán. Otras vendrán desde fuera y los dejarán agotados y heridos. La historia nos demuestra que no importa cuándo ni cómo crezcamos, todos enfrentamos luchas en la vida.

Cuanto más tiempo paso con mis hijos vestidos de licra, y más preguntas me hago sobre su futuro, más consuelo encuentro en la historia de Jacob y su lucha con Dios.

Jacob estaba huyendo de su suegro engañoso y al mismo tiempo avanzaba hacia su hermano, a quien le había robado la bendición. Caminaba por una ruta entre la espada y la pared. Cualquier dirección implicaba peligro.

En ese camino, Jacob luchó con Dios, y Jacob prevaleció.

Es probable que mis hijos no tengan un altercado físico con Dios, pero sí se encontrarán en caminos que parecerán imposibles, y lucharán con Dios.

Lucharán con él cuando sus deseos entren en conflicto con la verdad.

Lucharán con él cuando hayan sido heridos por alguien.

Lucharán con él cuando ellos mismos hieran a alguien.

Lucharán con él cuando abran su Biblia y no entiendan lo que leen.

Jacob prevaleció. No fue por su destreza como luchador, sino por contra quién estaba luchando. No hay una razón lógica por la cual un simple ser humano pueda vencer a Dios en un combate. La única razón por la cual Jacob prevaleció fue por el amor que su oponente tenía por él. En medio de la lucha, Dios estaba obrando a favor de Jacob.

Dios está a favor nuestro y de nuestros hijos, en todos los caminos inciertos y a pesar de lo que hayamos hecho. Dios se encuentra con nosotros y con nuestros hijos en cada uno de los caminos que transitamos. Él lucha con nosotros en medio de esos conflictos, y prevalecemos porque él está a nuestro favor.

No podremos preparar a nuestros hijos para cada conflicto, alegría o enfrentamiento que encuentren. Su futuro, al igual que el nuestro, está lleno de incertidumbres. En lugar de enfocarnos en nuestras preparaciones, o soñar y angustiarnos por lo desconocido, volvemos los ojos a Cristo. Él estará presente en todas sus luchas, sin importar cuántas charlas motivacionales les demos o cuánto los orientemos desde el borde de la lona. Nuestros hijos prevalecerán por el amor que Cristo les tiene.

Señor,

Afirma nuestras mentes y corazones en tu amor por nuestros hijos. Recuérdanos, cuando estén en medio de la lucha,

que tú estás luchando con ellos a lo largo de la vida. Haznos descansar en el conocimiento de que, por tu obra en la cruz, nuestros hijos prevalecerán en la alegría, en la tristeza, en el fracaso, en la vida y en la muerte.

Amén.

Para reflexionar:

¿De qué manera el mirar a Cristo y lo que él ya ha hecho te consuela ante lo incierto de la vida?

KAREN STENBERG

Sobrevaloradas y subestimadas

Sobre todo, ámense los unos a los otros
profundamente, porque el amor cubre muchísimos
pecados. Practiquen la hospitalidad entre ustedes sin
quejarse. Cada uno ponga al servicio de los demás el
don que haya recibido, administrando bien la gracia
de Dios en sus diversas formas. El que habla, hágalo
como quien expresa las palabras mismas de Dios; el
que presta algún servicio, hágalo con la fortaleza que
Dios le proporciona. Así Dios será en todo alabado
por medio de Jesucristo, a quien sea la gloria y el
poder por los siglos de los siglos. Amén.

1 PEDRO 4:8-11

AHÍ ESTABA YO SENTADA, empapada de sol y de risas mientras
mis hijos menores se salpicaban en la piscina. Estaba agotada
después de una semana siendo la única en casa con los niños:
llevándolos a la escuela y de regreso, al béisbol y de regreso,
resolviendo peleas, revisando tareas, y por supuesto, alimentan-
do esas barriguitas que nunca se llenan.

Fue un alivio poder sentarme y quedarme quieta un rato con mi café y mi libro, mientras los niños disfrutaban del sol tibio de primavera. Mientras estaba sentada, mi hijo mayor salió y se sentó a mi lado con expresión melancólica. Una parte grande de mí quería seguir fingiendo que todo estaba bien en el mundo y continuar leyendo. Pero, mientras que muchos de mis hijos se comunican abiertamente —las palabras parecen desbordarse de ellos—, mi hijo mayor expresa más con el lenguaje corporal. Por eso, tengo que sacar con paciencia lo que le pasa por la cabeza.

Dejé el libro a un lado, oré por paciencia y, mirándolo, comencé a hacerle algunas de mis preguntas habituales.

Finalmente, sus suspiros y manos inquietas dieron paso a sus pensamientos. Está en quinto grado, su último año en la primaria. No era el año que él había soñado. El Covid complicó este curso escolar para muchos de nosotros. También ha generado temor por el futuro: «¿Me irá bien en la nueva escuela?». «¿Nos han preparado lo suficiente para la siguiente etapa de la vida?».

Habló de sus preocupaciones y arrepentimientos por ese año, y algo me impactó. Ese año hubo un concurso de redacción para los alumnos de quinto grado, y el premio era genial. A él le encanta escribir y es excelente haciéndolo. Varios profesores ya nos habían comentado sobre su habilidad y lo habían alentado.

Mencionó el concurso durante la conversación.

—¿Cuándo fue eso? —le pregunté.

—Hace unos meses. No me inscribí.

Pude ver el arrepentimiento en su rostro. Le dije:

—¿Por qué? ¡Te encanta escribir! ¡Si es tu parte preferida del colegio!

Y me respondió:

—Bueno… seguro había alguien mejor que yo. No iba a ganar de todos modos.

¿A alguien más le pasa que ve reflejadas sus propias luchas en sus hijos y siente como si le hubieran dado un golpe bajo?

¿Cuántas veces he pensado en hacer algo, solo para después convencerme de no hacerlo porque sé que no lo haré perfectamente? O he pensado: si ese «algo» no sale bien, eso probará que soy un fracaso. A menudo asumo que alguien más lo hará mejor que yo, así que ¿para qué esforzarme y quedar expuesta como inferior?

La verdad es que a veces no hago ciertas cosas por miedo al fracaso o al rechazo, por temor a que mis debilidades queden al descubierto.

Cuando escucho a alguien más decir cosas degradantes sobre sí mismo, asumo que está equivocado. Es fácil animar a los demás a que persigan lo que están considerando hacer. Puedo ver las fortalezas y la pasión que tienen. Es fácil decirle a alguien: «Si no resulta como esperabas, está bien. ¡Lo intentaste, y eso es lo que cuenta! Siempre hay algo que aprender, salga bien o mal». Entonces, ¿por qué me cuesta tanto pensar así respecto a mi propia vida?

La verdad es que muchas veces pongo demasiado valor en lo que hago para sentir aceptación y valor personal. Quiero descansar en producir algo bueno. Quiero consolarme pensando que, al menos, produje algo mejor que otro. Pero cuando arranco esas capas de mi corazón, lo que veo no es bonito.

Entonces, ¿qué hago? ¿Cómo avanzo en lo que persigo sin subestimarme ni sobrevalorarme? Tengo que dejar de mirar lo que produzco para encontrar mi valor.

Para poder avanzar en mis vocaciones, debo mirar a dónde está realmente mi valor: en Cristo. Todo el bien que hago viene de Cristo. Dios me ha salvado y me ha bendecido con riquezas en él. Cristo me ha dicho que soy valiosa.

Una y otra vez, la Biblia nos dice cuánto nos ama Cristo. Pero ¿cuántas veces tratamos de encontrar descanso para nuestra alma en nuestras propias obras? Cuando miramos nuestras propias obras, acabamos viviendo días en las nubes por nuestros logros y días hundidos en el fango de nuestro autodesprecio. Salimos de esa montaña rusa de altibajos cuando volvemos la mirada a Cristo.

Cuando encuentro mi mérito en Cristo, dejo de jugar el juego de las comparaciones. No importa si ese día mi escritura fue pésima o si fue un éxito rotundo. Mi descanso y seguridad no están en mis ocupaciones ni vocaciones. Descanso en la obra de Cristo, no en la mía. Tengo confianza en quién es él y en lo que está haciendo en mi vida.

Este es el mensaje que puedo comunicar a mis hijos cuando sienten remordimiento, cuando están en la cima de un logro, cuando tropiezan o cuando se están levantando de una caída. Puedo decirles: «Yo también. Ya estuve ahí. Gracias a Dios, podemos seguir avanzando en nuestras vocaciones. Descansamos en Cristo. Felicidades… o lamento que no salió como queríamos».

Señor,
Ábrenos los ojos para ver el trabajo que hacemos como una extensión de tu gracia. Recuérdanos, en el éxito y en el fracaso, que tú usas todo. Anímanos con el conocimiento de la libertad que tenemos para trabajar, esforzarnos, fallar y tener éxito en nuestras vocaciones. Amén.

Para reflexionar:
¿Cómo cambiaría tu forma de trabajar si buscaras tu valor en la obra de Cristo antes que en la obra de tus propias manos?

¿Por qué no pueden simplemente llevarse bien?

Por lo tanto, como pueblo escogido de Dios, santo y amado, revístanse de afecto entrañable y de bondad, humildad, amabilidad y paciencia, de modo que se toleren unos a otros y se perdonen si alguno tiene queja contra otro. Así como el Señor los perdonó, perdonen también ustedes. Por encima de todo, vístanse de amor, que es el vínculo perfecto. Que gobierne en sus corazones la paz de Cristo, a la cual fueron llamados en un solo cuerpo. Y sean agradecidos.

COLOSENSES 3:12-15

RECUERDO QUE UN AÑO LE PREGUNTÉ A MI MAMÁ qué quería para Navidad. Respiró profundo y dijo: «Lo único que quiero es que ustedes, niños, se lleven bien. Ese sería el mejor regalo de Navidad que podría recibir».

Fruncí el ceño, solté un gran suspiro y respondí: «Pues eso va a ser imposible. Supongo que no vas a recibir nada este año, a menos que se te ocurra otra cosa».

Su petición me parecía imposible. Tal vez lo era. Veinte años después, si pudiera, pondría exactamente lo mismo en mi lista de Navidad. A veces me parece que lo único que hacen nuestros hijos es pelear.

Todas las familias pelean. Es inevitable. Meter a un grupo de pecadores bajo el mismo techo va a producir heridas y conflictos. Como madre, a menudo me encuentro atrapada en medio de una pelea entre dos personas a quienes amo y me importan profundamente. Eso hace que mis niveles de estrés se disparen. A menudo lo único que quiero es huir de los gritos, los empujones y las amenazas pasivo-agresivas que mis hijos —nacidos en el medio oeste estadounidense— se lanzan entre ellos todo el tiempo.

En especial, me incomoda quedar atrapada en las peleas cuando suceden en público. Tener más ojos sobre la situación me hace sentir cohibida con respecto a mis métodos de crianza.

Una tarde de verano, nuestra familia estaba compartiendo una comida con un antiguo compañero mío de la escuela luterana. Estaba ansiosa por ver cómo manejaba mi compañero, que ahora es pastor, los conflictos entre sus hijos. Tarde o temprano, pasaría algo. Entre las dos familias sumábamos ocho niños; una pelea era inminente.

Comenzaron los gritos, y me puse a escuchar. Sentí alivio al no oír las voces de mis propios hijos entre las quejas y protestas.

Ese día aprendí algo de un colega en la crianza.

El hijo que vino a contar lo sucedido se subió al regazo de su papá. Su padre lo escuchó con mucha atención y le aseguró que era amado. Se lamentó con él por la herida sufrida. Luego lo volvió a poner de pie y le dijo: «Ve y dile a tu hermano que es perdonado».

No le dijo que le dijera a su hermano: «Te perdono». Le dijo que fuera y le dijera: «Eres perdonado».

No le dijo que el dolor no era válido.

No le dijo que debía permitir que su hermano siguiera comportándose de esa manera.

Lo que sí hizo fue señalarles, tanto al niño herido como al que había causado el daño, hacia Cristo. El perdón no era algo que tuviera que fabricar por su cuenta; solo tenía que pronunciar las palabras. No necesitaba «superarlo» y hacer como si todo volviera a ser como antes. Al decir esas palabras, reconocía que hubo una herida, y aun así, el perdón sobreabunda.

Ni siquiera estoy segura de si el niño herido llegó a decirle esas dulces palabras de perdón a su hermano. Los adultos retomamos la charla y dejé de poner atención a lo que ocurría entre los niños. Mucho ocurrió en esa pequeña interacción entre padre e hijo:

Las preocupaciones fueron atendidas.

Se extendió amor.

Un niño fue dirigido a Cristo y se lo animó a dirigir a su hermano hacia él también.

En medio de emociones intensas y del deseo de que simplemente cesen las peleas y todos se lleven bien, suelo buscar un método infalible. He probado métodos, como gritar, que generalmente solo agravan el conflicto. He intentado empatizar con uno de los niños, y a menudo eso termina con uno sintiéndose más importante que el otro. Y también he intentado simplemente alejarme.

Ninguno de mis métodos ha sido infalible para poner fin a las peleas. Animar a un niño a decirle a su hermano que es perdonado tampoco es una fórmula mágica para terminar o calmar un conflicto. La esperanza está en que los niños sean dirigidos a Cristo. En lugar de exigir que sus comportamientos cambien de inmediato, se les señala al que los está transformando. En lugar de pedir que el amor se restablezca visiblemente en el momento, se los dirige al que los ama y de quien brota ese amor. En lugar de pedirles que ignoren su dolor, se les apunta al que sufrió por ellos y por su hermano. Gracias a la obra de Cristo en la cruz, pueden reconocer que han sido heridos y que han herido a otros, y entonces perdonar y ser perdonados.

Señor,

Ayúdame a ser promotora del perdón en mi hogar. Abre mis ojos a las heridas de mis hijos y a cómo ellos también hieren a otros. Abre mis oídos a sus quejas. Que siempre los dirija hacia ti. Enséñame a enseñarles a perdonar y a ser perdonados. Amén.

Para reflexionar:

En medio del conflicto, ¿cómo puedes señalarles a tus hijos hacia Cristo?

BONNIE PETROSCHUK

Guárdalo en una caja

Humíllense, pues, bajo la poderosa mano de Dios
para que él los exalte a su debido tiempo. Depositen
en él toda ansiedad, porque él cuida de ustedes.

1 PEDRO 5:6-7

SI ERES DEL TIPO DE PERSONA que rara vez lucha con la preocupación o el remordimiento, siéntete libre de saltarte esta devo-
ción. No se aplicará a ti. Para el resto de ustedes que se encuentran despiertos en la cama más noches de las que quisieran
admitir, preocupados por el bienestar de sus hijos y repasando
cada decisión de crianza que hayan tomado, ¡hola! Ustedes son
mi gente. Aunque soy madre de hijos adultos, estos son temas
comunes y fáciles de entender para madres de cualquier edad.

Recuerdo haber creído ingenuamente en el mito de que el
trabajo de ser madre termina cuando tus hijos cumplen dieciocho, o como máximo, veintiún años. Ahora pienso que ese mito
pudo haber sido inventado por un joven de dieciocho o veintiún años que creía que ya no necesitaba a sus padres a partir de
ese punto. Yo misma acepté ese mito como verdad cuando tenía
dieciocho años.

Lo que no entendía, y ojalá alguien me lo hubiera advertido, es que no existe un interruptor de APAGADO en el cerebro de una madre.

Hay una parte saludable de nuestro cerebro que comprende que la supervisión y la responsabilidad día y noche han llegado a su fin, pero sinceramente nunca llega el momento en que dejamos de ser madres de nuestros hijos. Los amamos con la misma intensidad de siempre. Lo que ha cambiado es cualquier apariencia del control que solíamos ejercer. Con hijos adultos, nos encontramos al margen, animándolos y alentándolos, a veces con gran emoción y otras veces con profunda aprensión, escalofríos, y tapándonos los ojos. Es en estos últimos momentos que a menudo me he encontrado mirando el techo a las 3:00 a. m., con el estómago hecho un nudo, repasando cada error que cometí como madre. Me desvelo preguntándome cómo mis decisiones parentales contribuyeron a sus luchas.

Creo en la oración. He visto evidencia una y otra vez de las respuestas directas de Dios a las fervientes oraciones de las madres. También reconozco, sin embargo, que Dios en su sabiduría suprema no siempre hace lo que yo quiero que haga. En lo más profundo de mi corazón sé que él hace lo que es mejor. Sin embargo, soy humana, y a veces, desde mi corazón de madre, lucho con la posibilidad de que haya una diferencia entre lo que Dios considera mejor y lo que yo deseo.

En esos momentos, recuerdo algo que aprendí hace años cuando mis hijos eran pequeños. Era una época particularmente difícil en mi vida. Todo parecía incierto. Me sentía vulnerable y asustada. El futuro se veía sombrío. Una y otra vez, pensaba que ya le había entregado mis preocupaciones a Dios, solo para encontrarme dando vueltas en la cama en las primeras horas de la madrugada. En un grupo pequeño al que asistía, alguien mencionó una herramienta que usaba cuando no podía dejar de lado ciertos temores o sentimientos de culpa. Lo llamaban la «Caja de Dios».

La idea detrás de la «Caja de Dios» era que, en el proceso de soltar nuestras preocupaciones, podía ser útil realizar una acción física. En este caso, consistía en escribir en un papel las cosas que te angustiaban y luego ponerlas en una caja. La caja representaba el poder, el amor, la misericordia y la gracia de Dios. Debo confesar que puedo ser bastante arrogante. Al principio, la idea me pareció tonta e innecesaria. Quería creer que era lo suficientemente fuerte como para no necesitar una «muleta». Sin embargo, mis noches de insomnio expusieron esa mentira.

Sintiéndome algo ridícula, una mañana busqué por toda la casa y encontré la caja más pequeña que tenía: una cajita de anillo. En mi mente estaba racionalizando que si usaba una caja pequeña, sería solo una «muleta» pequeña. En esos diminutos trozos de papel, escribí todos los temores específicos que no había podido entregar a Dios. Finalmente, con una oración sincera, metí todos esos papelitos en la caja y la cerré de golpe. Recuerdo haber salido de casa con dudas para enfrentar mi día. No esperaba que eso ayudara.

No pasó mucho tiempo antes que mi mente empezara, por costumbre, a regresar a los pensamientos ansiosos que me habían estado acosando, pero entonces me imaginaba a mí misma metiendo esos papelitos en la cajita y cerrándola de golpe. «¡Dios se encarga!», pensaba, y lograba dejarlo a un lado. Hice lo mismo muchas veces durante ese día. Incluso a las tres de la madrugada, podía recordar dónde estaban mis preocupaciones y no pasaba ni la mitad del tiempo dándoles vueltas como antes.

Me encantaría decir que fue una cura milagrosa, pero eso sería exagerar la verdad. Fue, sin duda, una herramienta útil. Dios usó esa herramienta para mostrarme su gracia. Fue una lección de humildad, porque me mostró que estaba actuando como si mi propia determinación para rendirme por mis medios pudiera darme paz mental. Me enseñó que no estaba por encima de necesitar recordatorios concretos de dónde se encuentra mi verdadera paz —donde siempre ha estado—, en la suficiencia de Cristo. Descubrí que tener el recuerdo de haber colocado físicamente mis preocupaciones en su cuidado y volver a oír el sonido de la caja cerrándose simbolizaba la decisión final de transferirlas de mi cabeza a sus manos.

Hubo momentos en que mis circunstancias, incluso aquellas que ya estaban en la caja, volvían a abrumarme y empezaba a hundirme otra vez. Cuando eso ocurre, saco esa pequeña caja y releo los papelitos que hay dentro. En ella veo respuestas que antes habían pasado desapercibidas, y me animo de nuevo. Coloco libre y agradecidamente otros papelitos en el cuidado sabio y compasivo de Dios, y cierro la tapa. Ese chasquido al cerrarla me recuerda la suficiencia de Cristo en medio de todas mis preocupaciones.

Señor,

Quita mi preocupación y recuérdame que mis cargas están en tus manos. Mientras observo a mi hijo con emoción y temor, recuérdame tu suficiencia. Amén.

Para reflexionar:

¿Qué preocupaciones puedes escribir y entregar en las manos de Dios?

KATIE KOPLIN

Tristeza y alegría

Les aseguro que ustedes llorarán de dolor, mientras que el mundo se alegrará. Se pondrán tristes, pero su tristeza se convertirá en alegría. La mujer que está por dar a luz siente dolores porque ha llegado su momento, pero en cuanto nace la criatura se olvida de su angustia por la alegría de haber traído al mundo un nuevo ser. Lo mismo les pasa a ustedes; ahora están tristes, pero cuando vuelva a verlos se alegrarán y nadie les va a quitar esa alegría.

JUAN 16:20-22

EL ANTIGUO TESTAMENTO CONTIENE relato tras relato de nacimientos. Estos relatos reflejan alegría, tristeza, dificultad y esperanza. Junto a ellos aparecen líneas y líneas de nombres y genealogías. En el plan de redención de Dios, él no formó a otro ser del polvo de la tierra como hizo con Adán. Más bien, vino a través del proceso arduo y penoso del nacimiento, la vida, la muerte y la resurrección, para asegurarnos una esperanza y un gozo firmes.

Las mujeres del Antiguo Testamento esperaban con ansias al Salvador prometido. Nosotras esperamos con esperanza su regreso. Dios usó a las mujeres del Antiguo Testamento para formar el linaje del que Jesús vendría. Las usó para traer esperanza al mundo. También nos usa a nosotras. A veces a través del parto y la maternidad, y otras veces a través de diferentes vocaciones.

Nuestras vidas y las de aquellas mujeres están marcadas por una mezcla de tristeza y gozo que parece inseparable. Cada parte de nuestra vida y de la maternidad está tocada tanto por el dolor como por la alegría. Cada etapa de la maternidad tiene sus propias luchas y tristezas, pero el lugar donde encontramos alegría sigue siendo el mismo.

Guardar la ropa que ya no les queda a nuestros hijos trae tristeza y alegría.

Verlos luchar y resolver problemas trae tristeza y alegría. Escucharlos lidiar con preguntas difíciles conlleva tristeza y alegría. Verlos partir de casa trae tristeza y alegría. Verlos convertirse en padres también trae tristeza y alegría.

Cuando leía Génesis 3:16 de joven, leía estas palabras: «Multiplicaré tu sufrimiento en el parto y darás a luz a tus hijos con dolor». Tras convertirme en madre, entendí que ese dolor no desaparece, sino que permanece a lo largo de los años de crianza. Pero también permanece la alegría.

La alegría permanece por la promesa dada en el versículo anterior a Génesis 3:16: «Pondré enemistad entre tú y la mujer, y entre tu simiente y la de ella; su simiente te aplastará la cabeza, pero tú le herirás el talón» (Gn 3:15).

Experimentamos tristeza en medio del dolor, tal como lo hicimos en el embarazo y el parto. Pero también experimentamos alegría al saber que Dios usa las dificultades, las luchas y el dolor para bien.

El capítulo 11 del libro de Hebreos habla de personas desde Adán y Eva hasta la descendencia prometida que aplastó la cabeza de la serpiente. Dios obró en y a través de la vida de cada una de las personas mencionadas en Hebreos 11. Cada una de ellas experimentó alegría y tristeza. El versículo que sigue nos dice quién estaba a cargo de todo:

Por tanto, también nosotros que estamos rodeados de
una nube tan grande de testigos, despojémonos de todo
peso y del pecado que nos asedia y corramos con per-
severancia la carrera que tenemos por delante. Fijemos
la mirada en Jesús, el iniciador y perfeccionador de
nuestra fe, quien por el gozo que le esperaba, soportó
la cruz, menospreciando la vergüenza que ella significaba, y ahora está sentado a la derecha del trono de Dios
(Heb 12:1-2).

Alegría y tristeza se entrelazaron en la cruz.

La imagen de la cruz suele evocar sentimientos de tristeza,
dolor y desesperanza. No se puede negar la agonía que Cristo
experimentó allí. Pero para nosotras, la imagen de la cruz también evoca gozo. Vemos el sufrimiento de Cristo y sabemos que
«por el gozo que le esperaba, soportó la cruz». La alegría está en
el intercambio que tuvo lugar en la cruz: todos nuestros pecados
fueron puestos sobre él, y él nos dio su perfecta justicia.

Este entrelazamiento de alegría y tristeza se extiende a nuestras vocaciones. En el dolor, la tristeza, el parto, la crianza, la
angustia, también hay alegría. Una alegría que no puede ser
quitada porque nos fue dada por Jesús, el iniciador y perfeccionador de nuestra fe.

Señor,

**Ayúdanos a soportar la tristeza de nuestras vidas y recuér-
danos siempre la alegría que es nuestra gracias a ti. Permítenos
ver la tensión en nuestra maternidad y abrazar esa mezcla de
alegría y tristeza, mirando siempre a ti, el iniciador y perfeccionador de nuestra fe.**

Para reflexionar:

*¿Dónde has visto ese entrelazamiento de alegría y tristeza en tu
vocación como madre?*

Conoce a las autoras

Sarah Crowder siente una profunda pasión por compartir el evangelio con los estudiantes de primer año como maestra en Faith Lutheran High School en Las Vegas, Nevada. Se graduó de Concordia University Wisconsin en el año 2000 y recientemente completó una maestría en teología con énfasis en estudios de la Reforma en Concordia University-Irvine en mayo de 2020. Está casada con Jason desde hace casi veinte años y es la amorosa madre de Katie y Brendan.

Michelle Diercks obtuvo su Licenciatura en Artes de Concordia University en St. Paul, Minnesota. Sus especializaciones fueron en el programa de directora de educación cristiana y en educación primaria, con concentraciones menores en ministerio juvenil y familiar. Sirvió a la Iglesia Luterana del Sínodo de Missouri como directora de educación cristiana durante nueve años. Como profesional y voluntaria, ha enseñado la Palabra de Dios por más de treinta años. También es la conductora del pódcast *Peace in His Presence*.

Jane Grizzle es escritora y estudiante de doctorado en Western Theological Seminary. Escribe sobre la fe, la salud mental y la crianza. Vive en Charlottesville, Virginia, con su esposo y sus tres hijos.

Heidi Goehmann es trabajadora social clínica licenciada y terapeuta de salud mental, diaconisa, escritora, conferencista, esposa, madre y defensora. Siempre se la puede encontrar en heidigoehmann.com, donde aboga por la salud mental y ofrece recursos para relaciones genuinas. A Heidi le encantan su familia, las notas adhesivas, Jesús, la aventura, *Star Wars*, *Star Trek* y las ideas nuevas… no necesariamente en ese orden.

Kelsi Klembara es la coordinadora de contenido en línea de 1517. Tiene una maestría en Teología de la Reforma de Concordia University Irvine. Vive en Dallas, Texas, con su esposo, Doug, y sus dos hijos, Otto y Simeon.

Cindy Koch vive en Ventura, California, con su familia. Se graduó de Concordia University Irvine, obtuvo una maestría en Teología Exegética y actualmente cursa un doctorado en Biblia en Concordia Seminary, St. Louis. Ha escrito varios libros y colabora en el blog de 1517.org. Además, es conferencista en retiros y congresos en todo el país. Conduce el pódcast *Family Style Theology*, que presenta conversaciones con niños sobre temas teológicos.

Katie Koplin y su esposo, Dallas, viven en el oeste de Minnesota, donde los campos de cultivo se encuentran con los lagos y los árboles. Trabaja como maestra suplente, y escribe y habla sobre la obra de Cristo y lo que eso significa para nuestras vidas. También es copresentadora del pódcast *Freely Given*, donde junto con su compañera Gretchen Ronnevik conversa sobre la libertad que viene con la dependencia de Cristo. A Katie le gusta leer, acampar, tomar café y animar con entusiasmo en las actividades de sus cuatro hijos.

Bonnie Petroschuk es esposa, madre de tres hijos ya adultos y abuela de cinco increíbles nietos. Se ha autodenominado Heraldo de la Gracia y dice que siempre será una adolescente de corazón, tras haber trabajado con adolescentes y universitarios en su iglesia durante más años de los que quiere admitir. Afirma que enseñar a estos estudiantes le dio la oportunidad invaluable de crecer en su comprensión de la Escritura y compartir lo aprendido.

Gretchen Ronnevik ama escribir sobre teología profunda arraigada en la vida real. Es mamá de seis hijos que van desde la edad preescolar hasta la adolescencia. Trabaja como madre educadora en casa, escritora y conferencista. Es autora del libro *Ragged: Spiritual Disciplines for the Spiritually Exhausted* y copresentadora del pódcast semanal *Freely Given*. Disfruta tejer, leer muchos libros al mismo tiempo y avergonzar públicamente a sus adolescentes. Ella y su esposo, Knut, viven en una granja familiar en Minnesota.

Melina Smith nació y creció en Arizona y actualmente vive en la ciudad de Nueva York con su esposo y sus dos hijos. Es fundadora de StoryMakers (2018) NYC, una organización sin fines de lucro que crea *zines* y libros ilustrados para niños y adolescentes, con el fin de conectar la fe con la salud emocional a través de la creatividad. Mel aporta a cada proyecto de StoryMakers su herencia cultural, pasión por el arte, y la fe cristiana.

Karen Stenberg tiene una pasión por animar a las mujeres en Cristo y hablar con honestidad sobre la vida y cómo Dios obra en medio de las dificultades. Es codirectora del ministerio de mujeres de la Iglesia de los Hermanos Luteranos. Mamá de siete varones y de una bebé que está en el cielo, está casada con Daniel Stenberg, pastor de una iglesia en Bergenfield, Nueva Jersey. Karen es originaria del noroeste del Pacífico, y fiel a sus raíces, ama la lluvia, el café, la risa y un buen libro.

Jessica Thompson es autora de varios libros y conferencista frecuente en congresos. Su deseo es ver a mujeres, familias y niños liberados de la esclavitud del moralismo. Colabora con Christ Hold Fast y participa en el pódcast *Front Porch with the Fitzes*. Jess tiene una licenciatura en Teología y, junto a su madre, Elyse Fitzpatrick, ha escrito los libros *Give Them Grace, Answering Your Kids' Toughest Questions* y *Mom, Dad... What's Sex?*